本书获得广西大学中国-东盟研究院课题“中国经济外交中的金融战略与策略”、中央财经大学国际政治专业综合改革项目的资助。

中国与全球政治经济丛书

THE DOLLAR AND NATIONAL SECURITY

THE MONETARY COMPONENT OF HARD POWER

美元与国家安全

硬权力的货币维度

[美] 保罗·维奥蒂（Paul Viotti）◎著

白云真 宋亦明◎译

上海人民出版社

丛书总序
解释与理解中国全球角色

在21世纪,中国更加奋发有为地参与全球政治经济新秩序建设,以独特的中国智慧和中国方案更加成熟与理性、负责任与建设性地参与构建全球治理新体系,以互利共赢的合作精神和正确的义利观在全球政治、贸易、金融、发展、安全、环境等领域扮演着迥然不同的政治、经济、知识与道德领导新角色,为更加平等与均衡的全球伙伴关系的发展提供更多的公共产品。

然而中国在全球政治经济中也面临着身份认同、议题设置和战略心态等方面的困惑与挑战。如王逸舟教授所言:"中国的全球政治角色(包括对整个人类的政治哲学引导符号)显然不太明晰,它的全球安全目标和策略也不太系统连贯,其对于全球社会和文化领域的作用杠杆更是乏善可陈。"尤其是在当下全球秩序剧变与动荡的时期,中国需要以讲信修睦、协和万邦的胸怀有效地提升全球政治经济治理能力,以解决区域体系、全球体系层面上的需求,从而使中国的全球角色具有更为广泛的社会与政治基础。

本丛书将加强对中国在上述诸多领域中全球新角色的理解与认识,推动中国和平发展与"一带一路"倡议的理论研究与政策实践,服务于国内与国际两个大局的战略统筹与知识建构,尤其是中国特色大国外交。此为策划与出版"中国与全球政治经济丛书"的主旨,即"明时势,长志气,扩见闻,增才智"(张之洞语)。

第一,以政治经济学与中国文化精神的视角解读中国全球角色的新变化,以广泛的理论视野与知识架构较为系统地诠释中国在全球政治经济新秩序及其变革中的定位、角色、战略与政策,而并不是完全停留在对策分析之上,反而更加倚重深刻的理论洞见与厚重的思想维度。

第二,关注欧、美、日及新兴大国在全球政治经济新秩序建设中的定位、谋略及国外学者对中国全球战略及影响的学理分析,既为中国决策者与研究者提供一个更为宏观的政策与知识背景,又为他们提供学习和比照的参照系。

第三,提升中国学者在中国全球角色相关领域的理论分析、对策建议及其在学术话语方面的地位与影响,展现当代中国中青年学者对于上述诸多领域的中国责任、中国角色,乃至中国智慧与方案的解读与剖析,为中国参与全球事务提供必要的智力支撑。

本丛书坚持"中西会通"的原则,秉承兼容并蓄、求真求义的精神,力求真知、真识。"虽有智慧,不如乘势;虽有镃基,不如待时"(郑观应语)。因而我们期待中国在全球政治经济中因时、因势而动,其命维新,深思谋远,取长补短,刚柔相济,达道达德,也期待给予读者以启示与思索,识微于未著,见机于将蒙,审时度势,揣其本末,洞见本原。

本丛书是中央财经大学国际政治系与上海人民出版社良好伙伴关系建设的有益尝试,因而衷心地感谢中央财经大学与上海人民出版社领导以及学界师长与学友的关心与支持。敬始慎终,期待与同仁志士共同办好这套丛书,为中国崛起与学术振兴贡献一己之力。

以此为序。

白云真

致 谢

在这一领域多年的研究中，笔者对很多人士不胜感激。首先要感谢的是厄恩斯特·B.哈斯(Ernst B.Haas)和肯尼思·N.华尔兹(Kenneth N.Waltz)——当笔者数十年前在加州大学伯克利分校时，他们思想中的辩证法挑战着笔者对国际关系及其经济要素的思考，直接影响到笔者；同时要感谢理查德·诺加德(Richard Norgaard)和约翰·G.鲁杰(John G.Ruggie)——诺加德阅读了本书初稿并点评了国际政治经济的经济方面，本书更是献给鲁杰。

出于对全球化安全影响的共同兴趣，笔者曾求助于自己在丹佛大学(University of Denver，DU)的同事及朋友戴维·戈德费希尔(David Goldfischer)。笔者有赖于丹佛大学其他三位同事与朋友——海德·卡恩(Haider Khan)、基肖尔·库尔卡尼(Kishore Kulkarni)、乔治·德马蒂诺(George deMartino)在经济学领域的学术指导。数十年的朋友马克·考皮(Mark Kauppi)及丹·考德威尔(Dan Caldwell)、约翰·A.威廉姆斯(John A. Williams)、巴里·休斯(Barry Hughes)、汤姆·法勒(Tom Farer)、艾伦·帕林顿(Alan Parrington)、沃伦·米勒(Warren Miller)、柯蒂斯·库克(Curtis Cook)以及布伦特·夏皮罗(Brent Shapiro)等同事不仅提出建议，而且给予鼓励。

20世纪70年代初，乔治华盛顿大学的菲尔·格鲁布(Phil Grub)、西格弗里德·加尔布尼(Siegfried Garbuny)影响着笔者对这一主题的著述。笔者与杰弗里·伯恩(Geoffrey Burn)、詹姆斯·霍尔特(James Holt)、亨利·汤姆(Henry Tom)三位编辑密切协作,从中受益良多。汤姆与笔者同为檀香山人。笔者受益于自己在丹佛大学的研究生助理,特别是埃里克·德·坎波斯(Eric de Campos)、丹尼尔·格林(Daniel Green)、内森·维瑟(Nathan Vasher)、罗伯特·莎拉拉(Robert Shelala)、卡丽娜·索尔米拉诺(Carina Solmirano)、克里斯·赛杰(Chris Saeger)。最后,笔者的儿子小保罗·R.维奥蒂(Paul R.Viotti, Jr.)从容地评论了初稿,而且基于他自身对政治经济学的研习提出了重要建议。他也因提出在开篇用假设性场景以强调诸多议题中有关国家安全与国际安全的重要性而受到好评。感谢诸位对笔者研究的建设性影响,但书中一切谬误均由笔者负责。

前　言

动员起来被用于外交事务的资源的数量和质量取决于两个因素：一是国家的生产能力及财富，如人力资源、资本、土地；二是这些资源或者产出被用于对外政策的份额。

——克劳斯·诺尔(Klaus Knorr)

对有关银行能够……创造货币的探索很早就出现在银行业的发展中……银行创造货币的过程如此平常，以至于这一想法并未被接受。当如此重要的事情难以理解时，更深层次的奥秘似乎才是适当的。

——约翰·肯尼思·加尔布雷斯(John Kenneth Galbraith)

事　态

这是最好的时代，同时似乎也是最坏的时代。长达数月的政治争论一直在华盛顿持续着——美国参众两院一个非常强势的少数派为进一步削减预算而呼吁立法，与此同时以阻止任何提高国债上限的努力相威胁。可能使政府停摆或者政府违约的这些威胁引起了市场恐慌，已经致使外界下调美国国债的信用评级。

这场危机始于纽约证券交易所(New York Stock Exchange,NYSE)受到双管齐下的攻击。第一次发生在上午11时30分,是一次协同式钓鱼攻击——黑客模仿纽约联邦储备银行(the New York Federal Reserve Bank)的不同部门发送电子邮件,借助其显而易见的身份进入。这些并非仅有短期目标的普通黑客,而是反叛组织的一部分。反叛组织试图破坏美国资本以及美元在全球经济中仍占据的突出地位。

这些网络钓鱼者现在可不受限制地访问纽约证券交易所的安全服务器。网络钓鱼者植入恶意软件,对下载纽约证券交易所及其公司的数据并不感兴趣。他们想要删除所记录的信息,破坏纽约证券交易所服务器的大量数据。钓鱼者还激活了一个僵尸网络——成千上万联网的计算机遭受钓鱼攻击——击溃纽约证券交易所的服务器,导致其冻结,然后完全崩溃。

纽约证券交易所瘫痪了,完全混乱了。恐慌爆发了,蔓延到全球市场的其他交易所。全球股市价格至少下跌了20%——一些股票价格下跌得更多,其他股票下跌得少些。纽约证券交易所午间停盘,但自从服务器坏了后,无法通过正常电子渠道与上市公司沟通,更不用说那些试图买卖的投资者了。电视、广播、私人电子邮件、短信、电话以及社交媒体是连接交易所与投资者的主要渠道。如果这还不够,那么就像交易员从交易所被清除一样,一辆极具爆炸力的汽车炸弹在交易所前自爆,使路人及旁观者丧生,严重损坏建筑物。

这一双管齐下的攻击——网络攻击与"烈性炸药"——具有毁灭性后果。当人们试图清算自己的资产时,全球股票市场暴跌。当攻击被视为主要针对美国时,外国市场逐渐复苏,当时美国纽约证券交易所及美国其他股票交易所仍然停盘。这在很大程度上会蔓延到美国银行。美国总统干预,以大萧条时期的罗斯福为先例宣布银行"放假"——有效地关闭银行和其他金融机构,直到资本市场秩序恢复了。

尽管欧洲、日本、中国及其他国家的财政部和中央银行会干预市场,但是市场力量压垮了其维系美元地位的能力及真正、善意的共同努力。这些事件削弱了对美国经济的信心,致使美元相对于其他主要货币贬值一半。美国国内外的企业无法以美元进行日常交易——更不用说将其作为保值手段了——陷入一片混乱。

石油输出国组织(OPEC)的成员国很快以欧元结算石油贸易,而且承诺一旦货币市场稳定,也将接受美元。与此同时,美国财政部并不情愿地实施外汇管制,试图在进退两难的全球货币市场中遏制美元的狂跌。航空公司减少了国际航班,而且船运公司将很多船只停泊在岸以确保必要的融资。

为防止国际商业急剧下滑,由美国财政部、美联储、商务部及国务院各部门代表组成的国家安全委员会(National Security Council, NSC)特别小组共同研究在地区层面——拉丁美洲、欧洲、亚洲、大洋洲——组织特别贸易安排的可行性。双边贸易安排将用以维系与中亚、南亚、中东以及非洲地区其他国家的贸易。

为了确保美国海外国家安全的承诺,美国国务院及国防部(与美国财政部及美联储协同)获得重要盟国对权宜之计的同意,从而便于美国以危机前的汇率从这些盟国的中央银行购其货币,以维系政府开支。然而美国国会的辩论很快转向美国从海外撤军的问题。在国家安全委员会会议之后,美国政府予以反对,因为若美国将其舰队调回国内港口以及鲁莽地从日本、韩国、中亚、中东以及欧洲的军事基地撤军,那么这些地区会陷入动荡,从而有损美国国家安全。

这一切会发生吗?这一事态有多真实呢?这一灾难对安全的不利影响及其他意义是什么呢?欧元或其他关键货币也会面临相同的命运吗?不管怎样,其结果将是世界大萧条吗?多边行为维系着全球货币机制及其货币的活力,国家安全在多大程度上取决于多边协作行动呢?

本书是关于货币与安全的。国防部门及其所组织、训练、装备和部署的军队取决于资本与资本流动的安全,资本日渐全球化了。因此,军事能力不仅与赖以存在的经济规模密切相关,而且与全球可兑换性和汇率安排的可行性密切相关。我们忽视了资本流动可能中断的风险。如若资本流动中断了,这有损美国经济安全,危及美国在全球部署军队以及维系美国外交使团及其海外计划的能力。

经济能力、军事能力及其他能力并非存在于真空中，好像它们是“存在”的客观现实。的确，货币（比如美元）的汇率是供需的产物，但是汇率在本质上是市场对该货币与其他货币相对价值的主观判断。虽然国内外民众在这些技术层面利害攸关，但是政策精英的利益及解释性理解最为重要——特别是那些资本所有者或管理者（OMC）。他们关注维系全球商务和其资本地位的国际金融和国际货币机制。

这其中包括财政部长、中央银行行长、私人银行家以及其他拥有或管理大量资本的人士——当代世界经济中的决定性生产要素。他们——特别是那些管理全球资本流动的货币政策官员——的判断在很大程度上受到其对一国经济基础以及相对于其他国家的增长潜力的主观评估的影响。货币运行所在（及其跨国资本所有者与管理者之间的规范）的国际金融机制的规则或公认规范也颇具影响。

本书所提及的资本所有者或管理者对净债权人而言是一种以经验为基础的简写，主要是那些拥有巨额资本的机构或个人，以及那些自身并不富有但管理着他人资本的个人，这些资本涉及全球性资本流动。他们可被确认为真实的人。这一分类包括私人个体、政府人士或在公司、银行和其他组织的非政府人员。然而在本书中，笔者分析美元与国家安全的关系，主要关注银行和财政部官员（以及那些向其提供建议和影响他们的人士）——为中央银行和财政部管理资本的所有政策精英或专家。

他们经营着如资本一样重要的生产要素，特别是其拥有的货币代表权（monetary representation），因而他们的决策及行动在本质上是政治性的——事实上这是（或很快是）最重要的、往往颇具争议的事。尽管资本所有者及管理者被归为一类，但是这并不意味着他们意见一致，或总是以同样的方式看待利益。

资本所有者及管理者之间的冲突、联盟及反联盟、决策（以及决策的权威）都是政治事务，不论其发生在国内还是国外。对于美元的权威性选择、美元与其他货币的关系以及货币所依赖的经济对我们而言至关重要。民众及资本精英影响着金融市场和其他市场，但是在货币政策决策方面，笔者主要关注银行家（特别是中央银行家）和财政部官员等。

经济安全、国家安全是接下来要探讨的主题。笔者明确强调合作性安全(cooperative security)是实现上述目的的最佳手段。本书在导论中论及货币与安全，在概念上为下面美元、安全和货币兑换的内容奠定基础。后续的章节提供了一个历史性叙述，强调经常被忽视的议题——安全与货币是如何密不可分的。有关国际货币事务的大多数评述关注汇率变化对于贸易、投资、经济增长的意义，以及一种货币的总体稳定性。虽然这些是经济安全的重要部分，但是学者很少论述更广泛意义上的安全如何改善或受挫的问题。

第一部分　欧洲中心——英镑、美元与第二次世界大战前的安全

笔者在本书的第一部分分析19世纪末、第一次世界大战之前及其期间，以及两次世界大战之间货币兑换与国家安全、全球安全的关系。笔者在第一章中("货币、帝国与第一次世界大战前的安全")首先讨论当前欧盟所面临的挑战，但很快转回19世纪。当时英国有赖于全球对英镑的认可(英镑被视为与固定数量的黄金等值)以维持其全球性帝国的地位，由此被喻为"日不落帝国"。实际上，当迈入20世纪后半叶，大英帝国和英联邦都已黯然失色。

第一章记述了第一次世界大战前的岁月。就像现在一样，中央银行、私人银行以及其他资本所有者或管理者的干预对维系国际流动性至关重要——这是19世纪末20世纪初安全的重要组成部分。

相比于今天，当时货币、金融事务从未纯粹交由市场力量处理。如今面对危机，"太大而不能倒闭"(too large to fail)的银行求助于政府部门。政府部门认为，若银行部门的巨大失败外溢至整个经济体中，这有悖于国家利益。尽管当时的意识形态言辞带有自由放任与自由主义的色彩，但是对于资本所有者及管理者来说，经济安全以及军事安全风险太大，以至于无法完全将国家货币交由市场力量而脱离自己的控制(现如今也是如

此)。万变不离其宗。

笔者在第二章("战时安全与第一次世界大战期间的货币兑换")继续讨论货币及安全问题。在第一次世界大战期间,协约国与同盟国重新设计了其货币机制以支持战事。交战双方也在确保敌对阵营之间的货币交易方面有共同利益。甚至在战争期间,敌国想尽办法交易对方货币,特别是由于瑞士和荷兰银行的中立立场。因情报、间谍或其他目的而使用敌人的货币是项次要行为,但是双方都有既定的利益。

第一次世界大战给欧洲国家带来了毁灭性灾难——包括战败国和战胜国。战胜国欠下大量战争债务,特别是欠美国。这也标志着大英帝国衰落的开始,即便当时几乎无人意识到这一点。此后大萧条、第二次世界大战及其后果进一步蚕食着英国的全球资本地位。

第三章("第一次世界大战之后重振英镑、商业与安全")论述了1918年第一次世界大战结束后的当务之急:如果可能的话,重回所理解的常态——恢复英镑-黄金本位制,将其作为全球商业的基础以确保英国安全和大英帝国地位。英国与美国两国共同致力于此。美元与英镑挂钩,而且英镑仍是货币的全球基准。

英国与美国之间的货币协作是第一次世界大战后数年内两国合作性安全的基础。资本所有者或政府内外的管理者对其商业和安全利益的理解影响着恢复1914年之前金本位制的努力,以此作为国际货币新机制的基石。

第二部分 美国迈向中心:美元首要地位与美国国家安全

本书的第二部分继续探讨货币-安全问题,记述第二次世界大战后美元崛起到当下其所面临的挑战。事实上,在过去70年中,美元在美国经济和国家安全领域发挥着辅助作用。21世纪初,欧元与美元一起处于中心地位。

当1929年股票市场崩盘，而且长达10年的经济大萧条开始时，20世纪20年代恢复安全并稳定国际货币交易的努力失控了。20世纪30年代货币事务方面的合作性安全土崩瓦解了，如第四章（“货币与合作性安全、两次世界大战期间与第二次世界大战”）所讨论的那样。20世纪30年代（大萧条时期）英国的资本地位被大大削弱了，因而英国已无力维系其国际货币领导地位。事实上当时美国不愿意担当此任。

竞争性贬值、提高进口关税及其他“以邻为壑”的政策成为当时不能容忍的通例。鉴于德国与英法（德国挑战着英国海洋霸权，威胁着法国陆军）之间的军备竞赛及其他因素，货币世界围绕同盟国、轴心国再次形成了两个对立的货币集团。如第一次世界大战时那样，战时货币兑换不仅发生在两个对立的阵营内部，而且发生在两个阵营之间——瑞士再次充当了货币交易的重要中立场所。荷兰则在第二次世界大战中被德国占领，不再发挥其在第一次世界大战中所发挥的重要货币角色。

1944年，各国政要在新罕布什尔州（New Hampshire）的布雷顿森林（Bretton Woods）召开国际会议，达成了一个政治共识，即在美元-黄金新本位制中恢复相对固定的汇率制。在第二次世界大战结束前的一年，美国人的偏好在这次政府管理者以及其他资本管理专家参加的会议上占主导地位。当时美国占据世界上最强大的资本地位，最终从英国手中接过了全球货币领导地位的火炬，在美元-黄金的新本位制中，美元最终取代了英镑。

在美国谈判者看来，这符合美国（和资本）利益。鉴于第二次世界大战后的机会（以及美国所承担的全球责任），美元成为普遍接受的关键货币和储备资产，致使美国决策者以大量开支用以美国海外经济安全和国家安全目标，甚至石油都是以美元计价的。这是美国对外政策和国家安全政策在实施中的独特优势，特别是在军事部署方面，军事部署极其有赖于能源资源。

笔者在第五章（“冷战与布雷顿森林体系时代”）和第六章（“维系美元首要地位——从布雷顿森林体系到有管制的浮动汇率制”）探讨与布雷顿森林体系中相对固定汇率制（1946—1971年）有关的安全议题。当前有管制的浮动汇率制已经取而代之。第二次世界大战结束后，美元的主导地位确立起来了,但是其他国家也在寻求替代性方案。在经过20世纪70年代后布雷顿森林体系时代汇率波动的冲击之后,欧盟国家的政策精英共同致力于在汇率领域建立密切合作的欧洲货币体系。这种安排最终促成了欧洲中央银行(European Central Bank, ECB)的建立以及欧元的出现。在新千年,欧元也成为与美元并肩的、可供选择的关键货币和储备资产。

美国、欧盟及其他国家的货币不仅被用以支付手段,而且被以货币储备的方式被各国所持有,上述货币在其对外政策以及国家安全政策实施中则更为自由。笔者将在第七章("美元、欧元与合作性安全")中讨论欧元的发展与美元及促进合作性安全的关系。与美国人一样,相比于欧元没有登上历史舞台及布雷顿森林体系时代相对固定汇率制之时,欧洲人现如今在海外支出方面较少受到限制。在布雷顿森林体系中,汇率并未随财政部门和中央银行所干预的市场力量而浮动。

特别是当开支特别巨大时,如果一国在没有共识的情况下单边行动或其他国家政策精英并不予以支持,看似必要的军事开支及其他政府开支很快就会出现问题。如果事先发展一个广泛的多边共识某种程度上达成了,那么其他国家的政治及货币机构将会采取合作性措施。

资本管理方面的政策精英,特别是财政部长或中央银行行长,知晓如何服务本国利益、共同商业利益及安全利益的问题。可感知的本国利益以及共同利益极大地推动着持久性共识的建设,是维系美国对外政策及国家安全政策所需的外部资金所必需的。同样的是,欧盟国家、中国、日本、俄罗斯、印度、巴西或其他国家的决策者未来数十年在全球商业、货币以及安全事务方面也将实施更广泛的政策。

经济史的研习者很熟悉笔者随后所谈及的国际货币问题。然而国际货币问题根植于经济安全与国家安全。这并不仅仅是国际货币安排如何影响全球贸易及投资的问题,而且是它们如何执行对外政策及国家安全政策相关的问题,尤其是代价颇大的军队部署及武力使用问题。这一"硬权力"的货币维度是笔者的关注点,而且笔者在结语中也予以探讨。

目　录

导论
货币与安全

鲜有人富有远见且认真地据理力争，军事力量不应被增强以镇压叛乱和抵御入侵……在一个强有力的国家政府中，一国用于共同利益的自然实力和资源不会使欧洲人嫉妒性地抑制我们的增长。这种情况会导致欧洲人的想法难以实现，甚至会消除欧洲人的上述动机。那么活跃的商业、远洋航行以及蒸蒸日上的舰队将是道德及物质需要的产物……

商业是……国家财富最高效的来源……贵金属是人类贪婪和进取心的宠儿。促进贵金属（即货币）的使用和流通的做法……使工业生机勃勃，并使贵金属更多地流动、更加丰裕……商业……必须使纳税更为容易，满足财政所需……没有税收，国家将难以为继……国家的需要……必须以某种方式或其他方式得以满足……除非所有税收来源考虑到国家的需求，共同体的财源……不能投入到一种与其名望或安全相一致的情景之中……

——亚历山大·汉密尔顿（Alexander Hamilton，美国前财政部长）

《联邦党人文集》（1787 年）

巨额拨款以及我们精心协调的防务领导并不会自给自足。枪炮、飞机、船舶以及许多其他物资必须在美国工厂和兵工厂建造……敌人想要表明的是，我们国家的目标是尽可能快地建造每一台机器、每一座兵工厂、每一个工厂以生产我们所需的军备……我们必须是极好的民主兵工厂……

——富兰克林·德拉诺·罗斯福(Franklin Delano Roosevelt)

(非正式谈话,1940 年 12 月)

安全与货币兑换是本书的主题。货币事务不仅是国内"实体"经济以及国际商务的基础,而且是国内安全及国际安全的核心。货币和经济是军队建设、海外行动的手段。它们本身就是我们试图实现的目标。事实上,经济、货币、安全作为手段和目的是密不可分的。我们对其作分析性区分,但是在经验上它们是形影不离的。

在这一段开场白中,笔者从概念上为随后的章节作好铺垫:(1)货币和安全是社会建构成的,以安全与经济、合作性安全与货币促进国家利益、管理汇率;(2)以此考察经济安全的观念与权力、资本全球化、拥有或管理资本的精英或个人——在此称之为资本管理所有者;(3)美国对外政策及国家安全政策的货币维度——美元作为储备货币的特权及代价,以及美元如何与欧洲、亚洲的货币相关联,特别关注中国案例;(4)国际货币机制变迁、更具多边主义色彩的美国商业以及国家安全。

货币与安全的社会建构

货币是个社会建构。[1]汇率规则也是如此。我们通过定价或估值的方式用货币去衡量价值。我们用货币买卖、进出口、存储、投资、收获回报或者因此蒙受损失。就这一点而论,货币是社会建构成的,以提供一个记账单位、价值贮存手段以及交换媒介——在国内及国际层面上为商品及服务付款。

无论为了消费、储蓄或是投资,我们以个人的身份参与到这些活动中,或者参与到公司或其他组织的活动中。政府也是如此。商业——货币、商品及服务的交换,以及我们为商业行为所订立的规范、规则和标准——并不仅仅是一个私人和非政府领域。政府及其代理者——在货币领域管理“主权”或作为国家资本管理者的财政部官员及央行行长、[2]外交部长和国防官员、军队人员、警察、情报特工等等——都是全面参与者，其中一些人扮演着决定性角色。

安全也是个社会建构，尽管安全并不会如此地实现。一些国家的领导人或许以军事力量谋求利益。其他人则真诚地寻求避免战争，但是如古老的箴言“要想和平，准备战斗”(si vis pacem, para bellum)一样——以军事准备避免战争——仍会消耗大量资源。国防开支必须融资，以税收从国家资源获得资本或从国内外借款。

更多的“国防”开支通常会促使其他国家也增加国防开支，因而使所有各方无法在安全领域获得真正收益。或许是军备竞争本身促成了战争。尽管这一安全困境[3]是存在的，但是军事开支仍会耗费大量国家产值。另外，刺激军事开支的威胁不仅来自其他国家，而且来自从事恐怖主义、暴乱、游击战或其他政治暴力形式的非国家行为体。

国防部门及其所组织、投入、训练、装备和部署的军队有赖于资本及资本流动的安全，然而这两者早已日渐全球化。[4]军事能力不仅与其所依赖的经济基础的规模密切相关，而且与全球兑换和汇率安排的可行性密切相关。美国自负的决策者忽视了资本流动有可能中断的情况，这是有损美国经济安全以及维系和部署海外军事行动的能力。[5]

当前，货币市场及其他市场的参与者面临着网络威胁。这将会进一步削弱他们对资本和金融机构安全的信心。金融机构的建立本身是为了维系币值及其在国内商业与国际商务的效用。对私人部门和中央银行的攻击完全是对国家安全和国际安全的威胁，如同国家和社会面对武力使用这一更为传统的威胁一样。因此，货币领域的“勇士”真切地理解一系列源自国家和非国家行为体异常复杂的挑战或直接威胁。

在本书中，笔者确定了安全与国际货币安排之间这一历史性的但通常被视而不见的联系。这一联系保护着国际商务中的国内利益，并且有助于财政开支用于对外政策和国家安全目标。创立、维系、调整或改变这些国际货币安排或机制——管理国际货币兑换的规则——是极其复杂、紧张的政治进程。[6]

安全具有如同国际货币机制一样的复杂性和政治联系，但是事实上是个更难以捉摸的概念。无论更为传统地以战争与国家间和平之间的平衡加以界定,或是从当下人权和社会经济福祉的角度,安全似乎总是超出我们的理解。安全意味着什么(更不用说如何实现安全的问题)的问题似乎令人望而却步。安全仍被界定为国家依据其主权宣称自己有权独立行动的领域,然而在安全领域非国家行为体也会造成跨国性威胁。

鉴于它们对于如此多的各方的重要性,经济与安全很快进入政治领域。上述各方对利害攸关的利益有着多样的理解。正如通常所说的,如果战争太重要而不能交由将军们处理,那么货币与商业也不能仅仅交由经济学家、资本所有者及管理者或者其他从事商业和政府的人士处理。我们需要将国际货币关系与安全关切联系在一起,将其理解为本质上是政治事务。

安全与经济

美国对外政策及国家安全政策决策者比以往在更大程度上有赖于美元的购买力及其他国对美元一如既往的认可。他们无时无刻不以美元为军事开支及政府在海外的其他开支提供资金。其他国家的政策精英在实施对外政策及安全政策时面临着财政或金融的约束,然而事实上美国政策决策者很少面临这种情况。石油都是以美元计价的。当然,这一特权地位应归因于美国经济的规模和实力,以及第二次世界大战以来美元的地位,而且外国的财政部与中央银行都以美元为主要储备资产。虽然欧元承担着更大的全球角色,但是美元仍是国际上商人、政府及其他交易者用以充当支付手段的关键货币。美元不仅仍是全球交易最常用的支付手段——投资、买卖、进出口——而且是定价和签订合同的记账单位。

如同美元一样,欧元已经成为储备资产和关键货币。[7]尽管一些人预言欧元会挑战美元的优势地位,然而事实上与其说欧元是个竞争者,还不如说欧元是美元的伙伴——马克、法郎和日元以往也是如此——其他国家在商业、集体防卫与集体安全上与美国有共同利益,因而这些国家的货币与美元密切相关。虽然欧元被认为会衰亡,但是欧元经受住了金融危机，特别是欧元区中地中海国家的金融危机。美国财政政策及货币政策集中在联邦政府手中，相比之下，欧盟国家在一个共同的中央银行框架下协调各自的货币政策，然而它们各有自己的财政政策。

欧元区国家的政策不对称、所达成的或有效地强加于这些国家的补救措施所带来的不利政治影响将继续挑战着欧元区。另外，一些欧盟国家——特别是英国——并没有使用欧元，反而更倾向使用自己的货币。在过去几十年中，英国的政治在欧洲认同和跨大西洋认同之间摇摆不定。由于大英帝国衰落的余烬，英联邦的联系增强了英国的跨大西洋认同。

与其他国家货币一样，日元在世界市场上并不具有美元所有的地位。日元并不足以承担像美元那样作为国际交换的关键货币的角色。人民币和其他新兴国家的货币也是如此。尽管这些货币的影响极大地增加了，但是其在全球层面上的影响仍然相对很小。[8]事实上，这些国家的货币机构仍然认为，维系其货币与美元兑换的现有安排是符合其利益的——当前欧元也出现在国际货币舞台上。

笔者首先呈现传统叙述，尽管这仅仅说明了国际货币与国际贸易、投资以及其他商业形式的关系。在此笔者不仅关注货币和经济——二者仍很重要——而且关注安全。在此意义上，货币、汇率以及货币兑换的规则是基本政治进程内在的社会建构，根植于商业利益及安全利益。大多数其他论述忽视了安全与国际货币关系的联系。

安全与经济显然是密切相关的。[9]经济目标——维系国内经济、国际商务及货币安排——有赖于一个安全依据。此外，美国及其他国家决策者所实施的对外政策及国家安全政策也有赖于其所具有的（或其他人认为其所拥有的）经济能力及军事能力（“硬权力”）。[10]事实上，军事能力——这一经济“硬权力”的另一面——在根本上取决于经济能力以及决策者用以组织、训练、装备和部署军事力量所需资源的意愿。如果他国并不认可其所用的国家货币，那么政府采购——无论是为了非军事目的，或是为了海外军事部署——都不能实现或难以为继。

笔者关注“硬权力”的国际货币维度。笔者探讨汇率——实际上是货币买卖的价格——以及货币兑换的规范和规则。如上所述，国家货币的相对价值及其接受程度反映了对市场的理解,以及货币政策官员对货币所依赖的经济的优势或劣势的理解。商业开支或政府开支以一种关键货币或另一种关键货币支出,而且该货币是否作为一国储备货币,二者都是至关重要的。汇率直接影响着私人或政府的购买力,因而汇率的变化也是至关重要的。这些重要的、往往颇有争议的事务很快成为政治问题,显然并不是交由技术专家处理的技术问题。

合作性安全和货币

当我们回顾历史时,我们发现政府,特别是其财政部官员及中央银行行长有许多协作——中央银行在美国、英国及其他国家扮演着准政府的角色,仍然反映出其私人部门的来由。各种形式的多边协作是必要的,以维系国际货币安排或机制,影响汇率及维系国际资本流动。这些在本质上是政治过程——协调中央银行对货币市场的干预,设定或影响利率,扩大中央银行和其他金融机构的信贷,适当地调整或改变货币兑换的机制。

这确实是合作性安全,尽管这一术语在国际货币领域并不常用。[11]对此,笔者给出两个理由。第一,货币安全——货币作为交换媒介、记账单位以及价值储存手段的认可程度——对贸易、投资、用于对外政策及国家安全的政府支出有重要意义。第二,这一货币安全无法单方面地供给。它有赖于政府及其他货币政策官员——资本管理者——的建设性参与,基于利益的理由寻求合作性、往往是协作性措施。这些措施都适用于合作性安全。

以合作性而非仅仅竞争性手段获得安全的概念也基本适用于冷战后的军事领域,也适用于国家间军备开支或互信与共同安全建设的措施。这也是各国合作性地应对非国家行为体所造成的恐怖主义或其他非对称性威胁、或者受内战或社群冲突困扰的"失败国家"的一种手段。在本书中,笔者将这一概念扩展至国际货币政治。在国际货币政治中,重要参与者是国际资本管理者,尤其是央行行长、财政部官员及其代表以及支持他们的职员。

它们合作性安全的集体使命是维系国际货币机制的稳定。国家与非国家行为体以此自由地兑换货币，从而为政府与非政府买卖、进出口、资本投资及其他商业交易提供资金。虽然我们自然而然地意识到货币在维系商业银行、公司、其他企业以及个人全球商业方面的贡献，但是在此笔者关注美国与其他国家往往所忽视的安全依赖关系。美国与其他国家有赖于国际货币机制而获得官方购买所需的资金，从而支持其对外政策和海外安全行动。

货币合作的失败（在20世纪30年代初的大危机时代，当政府逐渐封闭，竞相贬值货币以鼓励出口并阻碍进口）会导致贸易额下降，阻碍全球资本流动，对经济安全和国家安全都产生不利影响——诸多冲突会引发战争。至少这是第二次世界大战爆发所带来的经验。

正如历史所表明的，19世纪末、20世纪初金本位制也需要合作性或协作性措施以使其运转起来。金本位制所谓的自发性事实上也是神话或传说——当时许多人以及现在一些人广为接受，然而事实并非如此。实际上，资本管理者和央行行长协调利率，积累用以外汇储备的官方货币存款，以其他措施与他国相关者合作以保护其货币——维系其作为用以支付的法定货币地位和其与黄金（或白银）及其他货币的可兑换性。

汇率管理——协调国家利益

在和平时期与20世纪的两场世界大战中，各国财政部官员及中央银行行长之间的高水平协作对维系固定汇率也是必要的。正式调整有时也是必要的——或是特定货币的升值，或是贬值。在早期，主要通过固定汇率或保持汇率相对稳定的努力去避免这些不利影响。英格兰银行是19世纪和20世纪初金本位制的实际管理者，当时英镑是主要储备货币。在第二次世界大战后的布雷顿森林机制中，美元承担这一角色——其他政府或中央银行能够以美元作为外汇储备，或在1971年前35美元可兑换1

盎司黄金。

20 世纪 70 年代向浮动汇率制转变时,财政部及中央银行的协作仍是必要的。一些人支持一个理想化的或“纯粹”的浮动,认为诸如此类的干预不再是必要的。全球市场将会自我调节——货币会达到其“自然的”或均衡的汇率。事实上,无论这一主张的理论价值如何,在汇率方面的经济、安全及其他国内利益仍然很大,以至于国际货币机制很快充其量是“有管理的”浮动之一。此外,为避免 20 世纪 30 年代的经历,一定程度的协作以避免竞相贬值、为获得贸易优势却打乱全球商业的其他措施也是必要的。无论如何,批评者将其戏称为“卑劣”的浮动——这是他们描述政府或中央银行干预(或尝试管理)货币市场的方式。

相比于其他经济部门,中央银行的行长们更明白,在绝大多数情况下时而干预金融市场是必要的。在 40 多年有管理的浮动的国际货币机制中,财政部官员及央行行长形成了协作性规范,从而使这些干预合法化了。除此之外,自由放任的自由主义将货币价值完全交由市场,事实上从政治上来看仍是不可能成功的。无论其言辞如何,政府并不倾向于将事务完全交由市场。自由放任对于政府而言往往利害攸关。对于政府而言,钱太重要了以至于不能仅仅交由市场。

尤其是欧洲大陆人——对汇率波动所导致的区域贸易和投资负面影响并不满意——20 世纪 70 年代初开始尝试减少汇率浮动,后来以欧洲货币体系(European Monetary System, EMS)固定其汇率。以欧洲货币体系为基础,25 年之后欧元诞生了——其汇率最终在一个欧元区有管理的浮动中确定。美元及其他货币身处欧元区之外。对于欧洲人而言,“管理”意为保持汇率稳定——避免大幅震荡有利于市场对特定货币的供应和需求相关的小幅调整。

欧元区的稳定需要欧洲中央银行内主权国家货币政策的协调,但是如上所言,这也取决于财政(税收、开支以及借贷)政策的协调——国别支出不超出所限定的税收。不足为奇的是,对欧元区国家财政政策、货币政策、国家(或“主权”)债务的宏观经济协调事实上并非易事,特别是鉴于它们不同的发展水平及政治优先事项。

德国与其他经济相对较强的国家自认为肩负重担——为维系较弱经

济体的欧元地位付出代价。“补救”——始于2010年向希腊和西班牙的贷款——印证了经济不对称性，这一不对称性致使欧元在政治上难以为继。实际上，宏观经济政策分歧——一些国家相较于其他国家实施更积极的财政政策——不仅促使欧元区的货币调整成为必要，而且使欧元相对于美元和其他国家货币的外汇价值大幅波动。

观念和权力

根植于利益的观念至关重要，如同能力或权力在国际货币机制建设中的重要性。约瑟夫·奈(Joseph Nye)将经济能力及军事能力界定为“硬权力”的基础，将其与“软权力”相比较。“软权力”取决于价值观、文化认知、外交、官僚及其他能力，以使他者遵从。

当笔者分析奈所论述的“硬权力”的国际货币维度时，这也取决于相当“温和”的解释性判断，以创立货币及其交换方式。我们如何组织货币转账和交换——我们所阐述的规则以及为了实施这一进程而设立的机构——也取决于那些服务于能够创设、维系、适应或改变这些机制的人士所持的利益观。无论正确与否，至关重要的是对那些资本所有者和管理者以及日常市场交易者的利益观。

在此，笔者关注“硬权力”的经济维度，特别是货币维度。这一维度不仅会提升军事能力，而且对各种“软权力”颇有意义。尽管这往往是视而不见的，但是军事对“硬权力”经济维度的依赖关系是显而易见的。军队有赖于经济基础，更不用说军事行动了。实际上，一国政治和军事领导者能够组织、提供资金支持、训练、装备以及部署的军队规模和质量受到国内经济发展的总体规模以及水平的影响。

此外，“软权力”方面的能力也与“硬权力”方面的大量资产相关。换而言之，若没有“硬权力”的支撑，“软权力”的潜力也将会大幅减少。除了各国官员观念的特性或其他职业属性之外，拥有大量军事权力或经济权力等“硬权力”方面能力的各国官员，往往在全球市场和国际组织中会被更为重视,相比于那些缺乏这些“硬权力”方面资产的国家的官员。政府官员能够使用的“软权力”与其他各方对其“硬权力”方面资产的共同理解直接相关。

更为正式地说,约瑟夫·奈区分了“硬权力”(军事权力、经济权力)和“软权力”,促使笔者探索这些方面是如何相关的:(1)军事对构成“硬权力”的经济要素的依赖关系;(2)“软权力”对构成“硬权力”的经济能力和军事能力的依赖关系。军事能力有赖于提供人力资源和物质资源以用于军事目的的经济实力。若没有“硬权力”的支撑,约瑟夫·奈所描述的“软权力”会被大幅削弱。

虽然我们对“软权力”、“硬权力”作出分析性区分,但是就经验而言这些因素总是国内外精英和大众解释性理解的产物。因此,经济能力、军事能力以及“软权力”的能力并不存在于真空之中,是“存在”的客观现实。的确,货币(比如美元)的外汇价值是供需的产物,但是这些本身是市场中对货币相对价值的主观判断。这些判断在很大程度上也受到对国家经济基础——其相对于其他国家经济的规模与增长潜力——主观评估的影响。此外,国际货币机制的规则或广为接受的规范也颇有影响。

笔者关注的是哪些观念为谁的利益服务和相对能力——在很大程度上是由资本基数或者参与者(国家和非国家行为体)的生产能力所衡量的。这些会赋予政府官员或代表以权力,或约束其行为。在这一点上,将权力或相对权力仅仅还原到军事能力的做法是错误的。军事能力本身极其依赖一个社会的资本基数或者生产能力——亚当·斯密称之为国家财富。

总的来看,经济是国家全部能力或权力的基础性衡量办法——经济不仅被广泛地理解为资本和自然资源的获得,而且应被理解为人力资源(教育、技能以及人们对投资和存储所持有的观念或价值观)的获得。这些对于对生产、各种商务以及国际组织或非政府组织在政府内外所开展的其他社会活动而言是必不可少的。然而我们特别感兴趣的是,这些对于扩大或限制军队的规模与整体能力都是必要的组成部分,政治及军事领导人才有能力集结军队。政策精英对这些能力相对分配的理解深远地影响着决策者自由选择其他方案的范围。

经济安全:资本所有者及管理者的全球化

经济安全对国家及其社会中的民众而言至关重要。事实上,安全不仅是个军事、警察以及准军事力量的项目,而且与资本、社会及民众在评估财产、投资、贸易及所交易的货币和其他商业形式中的利害相关。如上所述,一国所能供养、维持与动用的军队也取决于一个社会的资本基数——该经济体的生产能力。

经济体的整体运行以及一国民众与全球社会的经济福祉取决于安全——维系安全,以促进和维系各种形式的商业活动。人力资源和自然资源的获得是经济安全必不可少的要素,而且这一获得取决于全球资本流动。维系这些资本流动可以促进在地区和全球层面上劳动力和自然资源的流动,是经济全球化中国家、国际组织和非政府组织(包括商业公司)的一项核心安全任务。

安全评估影响着国际货币机制(也受其影响)——在战争及和平时期管理资本流动的方式和手段。美元、欧元及其他货币在当前全球经济中起着如此重要的作用,在面临着全球市场中实质性威胁或挑战的情况下扮演了重要角色,特别是当寻求国内优先事项及国际优先事项之间平衡的政府官员无法回避市场力量时。这些政府官员或许影响着市场力量,但是实质上超出其直接控制的范围。经济安全和军事安全在某种程度上依赖对用以维系国际货币机制中一个货币地位的方式和手段的成功利用。

广为实践的观念或规范和制度化规则(而且这些规则往往内嵌于国际组织和实践中)促进了国际货币兑换。这些资本流动对买卖、进出口、投资,以及实现这些活动的收益而言是必不可少的。政府及其对外政策、军事部署取决于本国货币的币值及其接受程度,以为海外采购提供资金。然而,这是一个内嵌于货币兑换规则的理念性组成部分,界定着国际货币机制建立、维系、适应或转变的政策空间。资本的活力以及全球资本流动所必需的是国际货币机制内部与其本身不时的调整或变革。

专家在这些进程中至关重要,尤其是考虑到这一主题的技术复杂性。这些“专家”也是形形色色的,但是交相辉映的或有共性的精英群体是由央行行长、财政部官员、经济学家及其他学者所组成的。其中,彼得·哈斯(Peter Haas)所谈及的认知共同体是由中央银行行长所组成的——“在特定领域具有公认的专业技能和在该领域或议题领域对与政策相关的知识有权威看法的职业人士所组成的网络”[12]。

国内外专家与财政部官员都是全球资本所有者及管理者中极为重要的组成部分。经济全球化的主要能动者是在政府部门、银行系统、公司以及私人部门里的这些人士。这些资本“管理者”或“所有者”在个人财富及其收入方面千差万别。然而除了上述考量以外,他们还是全球市场的主要参与者、买卖者、进出口者、投资者、从其管理或拥有的资本中获益者(或者受损者)。一些人拥有政府权威或准政府权威(财政官员以及央行行长)。其他人则没有上述权威(商业银行人士及公司领导、投资者及其他资本所有者),但是在政府行为(或者不作为)中利益攸关,政府直接影响着其资金状况。他们寻求影响上述权威人士以使决策与其对公共利益或私人利益的理解相一致,因而这些经济事务在本质上是政治性的。简而言之,这些政治涉及权威选择及实施这些决策的行动。

财政部官员往往任期较短,[13]然而中央银行行长更大程度上是以1930年国际清算银行(the Bank for International Settlements, BIS)设立以来的多种网络大幅发展和拓展其“共同体”。80多年来,国际清算银行定期在巴塞尔及其他制度性安排的地点举行会议。当前,其大多数欧洲成员国也在法兰克福的欧洲中央银行定期交流。[14]这些“专家”有关管理国内与全球货币事务的方式与手段的共识维系着现有安排或者调整而适应不断变化的环境,因而有助于维系既定的国际货币机制。这一理念性共识的变化会导致一系列规则转变为另一系列规则(或者使这种转变合法化),因而改变了全球货币兑换的方式。

观念或理解的这种转变或许是对环境变化(例如20世纪两次世界大战的爆发)的回应,或者反映了对如何更好地服务于利益的新考量。在日益全球化的资本主义世界经济中,相关参与者、国家官员及非国家行为体跨越国家边界，表达着利益诉求。毫不奇怪的是，根植于资本主义富国及其所代表的那些人士，特别是资本拥有者或管理者利益的观念在上述建构中有更大的影响。相对的能力或者权力在有关哪些观念日渐嵌入国际货币机制的规则、制度，以及最终进程的政治决策中的确至关重要。事实上，根植于利益(而且由相对能力或者权力所驱动)的观念在国际货币机制的创立、维系与调整或变革中至关重要，是驱动力。

美国对外政策和国家安全政策的货币维度

货币及与其汇兑相关的规则是力促或限制全球军事部署等美国对外政策行为的社会建构。当其他国家的安全利益利害攸关时，其财政部和中央银行更乐于承兑外币，如同美元在北约成员国及其盟国日本、韩国的地位那样——这些国家在安全上都依赖美国，特别是在冷战期间。同样地，沙特阿拉伯依赖美国的安全保证，不仅将美元作为其外汇储备的大部分，而且促使其他石油出口国以美元计价石油，同时确保全球市场上大量石油的供应。对中国而言，由于中国在维系出口市场及其外来资本投资的利益，中国不仅将美元与日元作为储备货币，而且将欧元作为储备货币。

大国的政策精英——与政治有关的中央银行行长及财政官员——是资本管理者、国际货币博弈规则的建构者，因其是：(1)技术专家；(2)拥有的经济能力、军事能力及其他能力；(3)所处的国际网络。之所以如此，当他们管理自己国内经济的金融维度时，他们有兴趣保持自己的行动自由或提高自己国家在全球等级秩序中的相对地位。中央银行内部形成的规范性共识或“最佳实践”、以知识为基础的认知共同体塑造着他们可能作出的选择。弱国的政策精英不得不为自己辩护或者向如下人士提出充分理由，即那些握有权力并愿意倾听的人士或那些能够在国家政府与国际组织内部政治决策圈代表其立场的人士。

国际货币机制意在服务其创立者及维护者的利益(包括明确的自身利益)。根植于这些利益的观念驱动着这些机制建设的架构及合理的努力。这些努力维系着这些机制或使之适应不断变化的环境。维系跨国资本流动对全球经济和国家经济而言如此重要,因而维系这些机制的做法对政府(尤其是财政部和中央银行的官员)、金融机构,以及参与这些资本管理进程的国际组织和非政府组织而言本身是个重要的安全任务。

维系储备货币的特权和成本

1965 年 2 月 4 日,法国总统夏尔·戴高乐在新闻发布会上极其抱怨美国当时享有排他的、非凡的或过度特权[15]——如其所言:"这一非凡的特权,这一非凡的优势"。美国决策者拥有更大的行动自由,并且不会遇到法国及其他国家决策者所面临的金融规则。戴高乐的解决方案是恢复金本位制——"一个毋庸置疑的货币基础,并不带有任何特定国家的印记。实际上,我们并没有看到金本位制之外的任何一个本位制"。

除了 20 世纪 60 年代对以黄金为基础的汇兑本位制的偏好以外,戴高乐准确地指出美国对外政策和国家安全政策方面的行为如何更大程度上依赖美国货币的活力,远非通常所认为的那样——不仅商业市场接受美元,而且其他国家的财政官员和中央银行行长在偿还政府债务时也是如此。半个多世纪后,戴高乐主义者的抱怨仍然依稀可见。当 2010 年 3 月法国前总统尼古拉斯·萨科齐(Nicolas Sarkozy)"为未来经济创设规则"而呼吁美欧合作时,询问单一国家(美国)及其货币(美元)是否应该在当前全球商业中占据如此重要的地位。

就这一点而言,公认的是美国经济规模与实力是美元地位的基础,也是全球商业的基础。第二次世界大战以来——战后初期美国国内生产总值占世界生产总值的一半——美元成为世界主要储备货币(如上所述,石油和许多其他商品及服务也是以美元计价或缔约的)。在 20 世纪 40 年代末、50 年代美元"短缺"之后,[16]持续不变的国际收支逆差使美元的供给极为充足。

像美元一样,关键货币有充分的理由或多或少地由其他国家财政部或其中央银行作为官方储备货币,表明了该货币发行国所具有的优势。

国内外市场对于美元的私人需求有助于维系其相对于欧元、日元、英镑、人民币及其他货币的全球地位。这些美元为买卖美国公司发行的股票及债券、进出口、在美国或海外的直接投资提供资金。因其确定无疑的投资回报,资本所有者广泛持有美国财政部债券作为安全资产。

如果没有特权,那么储备货币有明显的优势,但是它们也承受着大量成本或潜在危险。汇率(及其变化)直接影响着价格,给一些国家带来贸易与投资优势,也给其他国家带来贸易与投资劣势。升值的货币(增值)会增加持有该货币的国家的购买力。进口、出境旅游、投资以及海外军事开支将不那么昂贵。然而出口、入境旅游、外商投资将会付出更多成本。贬值的货币(贬值)往往有相反的影响。[17]

当一国货币价值过高或升值时,该国政府也会从中受益,因为货币"无止境"——以较低的价格购买更多,因而其减少了军事及其他政府海外开支的预算成本。相反的情况也同样成立。以出口贸易或其他优势而为增加就业的贬值或者对货币贬值的支持也会提高政府开支的预算成本。换言之,当美元汇率下跌时,美国以同样的商品和服务用以支持军事部署的海外开支将会增加。当购买轮船、飞机以及汽车所用的汽油直接使用美元而非其他货币时,(美元汇率下跌时)以美元计价石油的特权在某种程度上会减少这种影响。

鉴于美国海外军事及其他义务的非凡程度,美元升值显然给美国政府带来了预算优势。这也提高了进口商以及寻求海外市场的投资者的购买力。当然,这对从事农业、制造业及其他出口部门的美国人而言是个实实在在的成本。由于汇率,美国产品在海外市场上较高但不太具有竞争力的价格对其造成不利影响。

美元、欧洲货币和亚洲货币

半个多世纪以来,马克和法郎(现在的欧元)、日元以及英镑也是国际商业的关键货币。各国财政部或中央银行也将上述货币作为储备的一部分,但它们的数量决没有美国向全球市场所提供的美元那么多。仅仅在过去的 15 年中,随着欧元——在欧洲大陆及其在非洲等其他地方主要贸易伙伴的主导性货币——的诞生,我们见证了一个拥有足够规模和实力并且在全球范围内与美元相竞争的货币的诞生。

然而事实上,欧元区国家的财政政策及其经济的不对称性已经引起了欧元的不确定性,至少就短期而言是如此,更不用说欧元在全球商业中取代美元了。用以加强欧洲中央银行权威和资源的努力已经付诸实施,但是欧洲中央银行并不具备美国央行——美联储的能力。17 个国家采取了 17 种不同的财政政策,而且欧洲中央银行获取资本时面临着政治压力,从而破坏了欧洲中央银行维系其成员国之间货币流动性的能力。

相比之下,独立运转但通常与美国财政部合作紧密的美联储在购买"资产"方面拥有更多权威,因而会为金融机构及其所在的市场提供所需的资本。这些资产往往是政府债券及其他(政府与非政府的)证券。基于国内目的(以购买财政部债券或其他债券等金融资产以增加货币供应总量)的"量化宽松"(quantitative easing)政策也对全球货币以及股票市场有重大影响,反之——开放市场上证券的出售也是如此,会减少流通货币的数量。

对于其他货币来说,美元与欧元的汇率是供需的产物,也反映了市场对于其货币所依赖的国内经济规模和实力的理解。除了将特定货币用以满足日常贸易与投资的全球需求以外,对该货币的需求也是向国内或货币区资本或其他资产持有者所提供的稳定或安全的产物。国际货币机制的规则或公认的规范至关重要。如同货币政策和利率一样,这些规则和规范受到财政部和中央银行资本管理行为的影响。

毫不奇怪的是,流动资本常常流向经济稳定的国家,而且该国货币能够为金融市场上的政府债券及公司债券、银行存款、股票红利及其他资产提供更高的实际回报。资本会从没有安全、稳定和竞争性收益的国家逃离,这往往是货币危机的根源。当政府开支大幅超过税收,或者当资本的私人部门所有者将其资产转移到其他国家而远超海外对该国的投资资本时,那些危害货币的汇兑价值,甚至并不认可其作为支付手段的情况就会出现。这些不仅是资本匮乏国家的问题,而且也是资本丰富国家所面临的挑战。

总之,在第二次世界大战以来的70多年间,美国没有其他国家所面临的约束,但是巨额支出的能力有助于美国决策和行动的海外实施。美国的地位绝非仅仅是其他国家相关机构善意的产物,更不是其慈善的产物。正是经济基础的根本实力确保着美元的活力。以美元计价石油的做法不仅有利于美国用于国内消费的购买,而且有助于美国军队的全球部署。简而言之,国家安全与国际安全取决于美元的活力。

一年中,美国国防开支几乎相当于——有时还超过——所有其他国家全部开支的总额![18]当美国政府用于国防及其他目的的开支超过税收收入时,赤字往往是由债券发行所造成的——在国内与国际金融市场上筹措资金。其他国家财政部官员以及中央银行行长直接持有美国债券,维持或扩大其官方储备账户已持有的美元数量,有助于使上述情况成为可能。至少迄今为止,这符合其利益,至少因为他们懂得因时而变的环境。

中 国 案 例

中国继续买入,持有美国国债及其他美元标价的资产以便维系其出口地位以及海外资本的流入。不断增长的中国贸易顺差有助于使国内生产及就业处于相对较高的水平上。贸易的支出净额也进一步促进了外国投资及其他来源的资本积累。外国投资等是更长期的经济发展所必需的。支持美元或者购入美国国债作为储备以防止人民币相对于美元过快升值的做法符合中美两国的利益。

与此同时,出于美国国际收支以及就业的考量,美国仍将向中国施压以使人民币相对于美元逐渐升值,进而改善美国的出口地位,而且进一步使美国在华资本投资对于美国商业利益不太有利。虽然美国资本所有者从被低估的人民币中受益良多(换言之,被高估的美元使投资或买入他国资产更为便宜),但是这一“优势”则是以美国国内就业为代价的。

中美双方从既定的人民币与美元的汇率中所获得的相对优势或劣势使紧张状态时常出现。当美国促使中国人民币升值时,中国以如下担忧予以回击,即中国外汇储备中的美元已经极大地超过了其所需要的数额。然而,中国与美国的争执集中于人民币升值的速度。美国官员普遍赞成人民币更快地升值。

当然,中国大量抛售美元的任何努力——出售其所积累的储备并且不再购入美国国债或者其他美元标价的资产——会对中美两国产生潜在的破坏性经济影响,更不用说对其他国家的不利影响。鉴于这一固定不变但彼此的脆弱性,现状良久才会有所变化。

中美两国安全利益由这些彼此的脆弱性联系在一起。与相互达成的目标一致的是,中美两国双边安排取决于两国官员明确、默契的理解,以采取措施来维系或调整全球市场中的当前汇率。

中国受益于被高估的美元,使其对美出口及对其他国家以美元支付的出口而言更为便宜。当海外投资者发现美元(欧元或者其他被高估的储备货币)被进一步高估,特别是投资于劳动力密集型产业时,资本流向中国。因此被低估的人民币(换言之,外币相对于人民币被高估)不仅有助于维系中国国内生产与就业,而且有助于资本形成。保持贸易盈余并且吸引海外投资的做法造成了净资本流入的局面——是中国实现自身投资和发展目标的必要因素。

尽管国内生产和就业遭受损失——代价非常大,特别是从事劳动密集型产业的人士——美国和其他相对于人民币来说货币被高估的国家的确从中国以更低价格的进口中受益,使其国内消费者负担得起,而且降低了国内市场的通货膨胀压力。上述国家在中国所投资的美元越来越有购买力,而且它们期望从这些投资中获得回报,从而有利于资本利益。美国和进口商以及零售商因其消费者更多地销售更便宜的产品而获益。

就其本身而言,美国受益于外部对美元的支持。正如笔者曾提到的,中国继续大量地持有超过其储备需求的美元。由于维持经济增长的国家利益,中国官员也会这么做。中国在全球经济中的地位取决于与美国、欧洲及其他国家的商业关系。这些国家的政府、公司以及个人在商业活动、投资及相关交易中使用美元、欧元或其他货币。

最终,非美国资本来源(non-U.S.capital sources)负担起累计起来的国际收支平衡以及预算赤字。由此,外国政策精英能够使用潜在的金融杠杆，以约束其并不同意的美国政策选择。中国提醒美国在金融领域发挥支撑作用，警告美国不要奉行为“藏独分子”或其他干涉中国“内政”的人权组织提供便利的政策。

不必惊讶的是，美国到目前为止公开抵制诸如此类的压力。对美国决策者而言，如若中国或其他国家的决策者采取手段对付美元，或使美国决策者并不实施特定政策，那么这对于中国等国家的决策者而言是颇具代价的。抛售美元并不符合中国利益。当前中国政策精英深谙此理，如同在华盛顿、纽约及其他地方的精英一样。

国际货币机制变迁、美国商业和国家安全

美国贸易平衡逐渐转变为逆差——19 世纪以来进口第一次超过出口——促使尼克松在 1971 年决定放弃布雷顿森林机制。由此，从布雷顿森林体系的规则下相对的固定汇率制变为“有管理的浮动汇率制”，提升了美国在全球范围内实施积极对外政策和国家安全政策的能力。在布雷顿森林体系瓦解以来的 40 多年中，美国官员为政府海外国防开支及其他开支提供资金的方式和手段需要考虑的压力大幅降低了。

作为布雷顿森林体系规则的主要设计者，美国仍然以单边行动改变国际货币机制，当这些安排被认为不再服务于美国商业利益或政府利益时。尼克松总统关闭了美国的“黄金窗口”，而且自 1934 年以来第一次允许美元与其他货币的兑换浮动。1934 年，时任美国总统富兰克林·罗斯福（Franklin Roosevelt）规定 35 美元可兑换 1 盎司黄金。美国不再需要向那些希望兑换大量美元的国家出售黄金——布雷顿森林体系的规则下的义务——法国或其他国家本来试图将货币纪律强加于美国，以遏制美国入不敷出的“特权”。美国以此特权实施自己的对外政策和国家安全政策，而在金融上无需跟盟国、伙伴国等磋商或协调。当时美国不受任何货币纪律的约束。

因而，布雷顿森林体系的瓦解开辟了新时代，允许对国际收支逆差所

谓的"视若无睹",基本上允许美元随行就市——美元币值的浮动。如此一来,美国政府官员在实施美国对外政策及国家安全政策时更少受到货币的约束。除此以外,国际货币新机制——以国际协议不时地适应不断变化的环境——允许汇率更易于反映市场的供求变化,因而有助于促进全球资本流动。然而全球资本流动正是贸易、投资及其他商业形式全球化所必不可少的。布雷顿森林体系需要以货币储备、黄金转让、贷款或与国际货币基金组织、中央银行等金融机构的其他安排为赤字融资,然而美国实际上远离了布雷顿森林体系更为严格的收支纪律。

在后布雷顿森林体系时代,"有管理的浮动汇率制"仍然有效,而且财政部和中央银行依然干预国际货币市场。以政治绝非中立的行为促使一国货币贬值(或升值)的做法将会给一些国家带来贸易、投资和其他好处,却是以其他国家为代价的。由于美元、欧元等作为储备货币的地位,当储备货币升值或贬值时,为此使用或持有美元、欧元或其他保证金的其他国家会受益或受损。中央银行两面下注,以多个关键货币作为储备货币——当一种货币贬值时,其他货币或许会升值,因此会减轻任何损失。

除了对通货膨胀的担忧之外,美国政府官员谋求美元大幅贬值,的确不时地寻求减少美国贸易和资本外流的不利局面。为了避免报复性措施,美元贬值以促进美国出口进而促进国内生产和就业的做法通常需要其他国家货币政策官员的协调。不断发展的美国经济对其他国家(更多对美国的出口,或许更多的外来资本投资)经济有积极作用。在这一意义上,这些国家或许会乐于协调。对于这一种协调而言,安全上有赖于美国的盟国和其他国家具有其他动机。

另一方面,当美元兑换当地货币时,其他国家的政府和中央银行也都会时常关注全球市场上美元的过量供应,增加自己储备账户的余额与国内通货膨胀压力。无论美元贬值所带来的国内收益怎样,美元贬值也有一系列负面影响。如上所述,贬值降低了美元的购买力,因此不仅提高了美国人海外旅行或生活的成本,而且增加了商业和政府的成本——特别是不良预算影响着政府。换言之,美元购买力下降意味着美国国防部、国务院及其他政府部门为维系海外承诺必须花费更多美元。

其他国家的财政部官员与中央银行行长很清楚自己在美元活力方面

的国家利益，即确保自己在国际商业中的利益。鉴于他们在当前安排中的经济利益或金融利益，对于那些抛售美元的人而言，抛售美元有经济成本或金融风险。

然而，美国越来越有赖于其他国家对美元的认可，以及实际上这些国家继续充分信任美国的意愿。这给美国官员在实施符合与其他国家共有的安全利益和其他利益相一致的海外政策时带来更大的压力。欧元近来成为替代性储备货币，情况更是如此。以往美元并没有可比肩的竞争者。此外，美国国会带有政治动机的行为致使政府处于债务违约的边缘，削弱了美元的币值和认可。诸如此类行为的有效效应与美国国家安全背道而驰。对上述行动不懈努力的人士通常意识不到其影响，这不仅削弱了美元的地位，而且有损美国国家安全。

安全和更大的多边主义倾向

当美元是世界上首屈一指的关键货币和储备资产时，美国官员更不受货币的约束。现在情况并非如此了，尽管就短期而言欧元的地位面临着挑战。因此现在和未来，美国决策者——对维系美国相对于其他国家的金融地位之需敏感——可能更倾向于多边地推行其政策，然而如果美国以往的政府更愿意的话，它们更易于避免如此做。毕竟除私人部门的开支以外，美国政府的海外开支需要资金——欣然接受以美元支付军事等目的的开支。

在冷战期间，美国在安全事务的多边主义是北约（NATO）[19]、拉丁美洲的美洲国家组织（OAS）[20]、中东的中央条约组织（CENTO）[21]、东南亚的东南亚条约组织（SEATO）[22]，以及澳洲的太平洋共同防卫组织（ANZUS）[23]的制度化。与日本、韩国、中国台湾[24]、加拿大[25]以及菲律宾的双边联盟奠定了美国所领导的东亚地区安全的基石。这些海外（双边、多边）承诺需要美国大量的海外开支。

这些开支融资所需要的是，盟国、联盟伙伴及其他国家愿意以美元支付并将其作为其储备货币——似乎是无限度地愿意。20 世纪 50 年代末，德国及其他国家将盈余的美元兑换成黄金(10 年后法国和瑞士也是如此做)。这些货币挑战是军事合作和货币合作总体情况的暂时性例外。除此之外,合作性安全司空见惯。

美国对欧洲和东亚安全的军事贡献是美国直接或者间接拥有的重要杠杆,以确保对这些货币支持。西欧大国以及日本、韩国及其他亚洲国家的政策精英也逐渐意识到,对美元的支持不仅符合其经济利益,而且符合其国家安全利益。

然而后冷战时代,尽管维系美元地位的安全依据仍然存在,但是在政策精英看来,这一依据并不像从前那样突出。事实上冷战时期的特点是,欧洲、北大西洋地区与东亚的东西方竞争,涉及全球范围的安全利益。合作性安全的安排取决于美国对其盟国、伙伴国的积极培育,以及这些政策精英对于维系美元的全球地位符合其经济利益与安全利益的理解。

特别是鉴于美国的经济地位及其在安全事务方面的中心角色,与美国货币合作的倾向在很大程度上取决于第二次世界大战期间及其之后数十年发展和加强的惯例及规范。然而这种支持的维系需要其他国家决策者对其经济利益、安全利益及其他利益的持续认可。美国持续不断的开支为其海外政策提供资金,服务于其他国家的上述利益。合作方式和手段包括:(1)信息共享;(2)市场干预汇率方面的协调;(3)甚至当其他国家以欧元和其他主要货币平衡美元时,它们仍维持(或增加)美元储备。这些国家在金融交易中也使用欧元和其他关键货币,以及将其作为外汇储备的货币。

当事先达成广泛的多边共识的努力取得某些成功时,其他国家的政治和货币机构的合作性措施可能即将垂手而得。共有的商业利益和安全利益——当其他国家的政策精英,特别是财政部长和中央银行行长理解这些利益时——是凝聚持久共识的关键。共识是确保美国对外政策和国家安全政策的境外融资所必要的。同样如此的是,未来数十年,欧盟成员国、中国、日本、俄罗斯、印度、巴西或者其他国家在全球商业和安全事务中将实施更大范围的政策。

总　结

美元仍处于主导地位，一些人或许会说美元相对于欧元占优。欧元像美元一样步入世界货币的舞台中心。自第二次世界大战结束以来，美元的特权地位有助于美国对外政策和国家安全政策的实施，就像19世纪末、20世纪初英镑霸权能够使英国维系一个全球性帝国一样。21世纪之交欧元的诞生——美国与欧盟的联系在维系国际流动性的双向合作中至关重要——类似于19世纪末的合作性措施，以及20世纪20年代英美货币官员密切协调的英镑-美元外交。当中国、俄罗斯、巴西以及印度等主要参与者的货币几乎确定无疑地将更加突出时，如果合作性经济安全、国家安全得以维系下去，更大程度的多边主义的个人和制度基础需要正当其所。当美国不再有那么多优势时，加强和扩展合作性规范（而且调整国内制度和国际制度以给这些货币角色中更多的参与者提供方便）是必要步骤。

注　释

1. 有关前言中对加尔布雷斯的引述，引自 John Kenneth Galbraith, *Money* (New York: Houghton Mifflin, 1975), pp.18—19。

2. 详见 Rodney Bruce Hall, *Central Banking as Global Governance* (Cambridge: Cambridge University Press, 2008)。有关中央银行详史，参见 Gianni Toniolo and Piet Clement, *Central Bank Cooperation at the Bank for International Settlements, 1930—1973* (Cambridge: Cambridge University Press, 2005); Claudio Borio, Gianni Toniolo and Piet Clement, eds., *Past and Future of Central Bank Cooperation* (Cambridge: Cambridge University Press, 2008)。

3. 约翰·赫兹(John Herz)界定了安全困境，详见"Idealist Internationalism and the Security Dilemma," *World Politics* 2, no.2 (January 1950), pp.157—180。可参照其著作 *Political Realism and Political Idealism* (Chicago: University of Chicago Press, 1951)。如同丹·考德威尔(Dan Caldwell)所提醒的，修昔底德也论述了雅典军事发展如何造成了斯巴达的恐惧，而这正是伯罗奔尼撒战争的原因。因此用以促进安全的措施或许实际上有损安全，因为诸如此类的行为或许会

促使对方采取措施以自卫——相互威胁行为的螺旋上升。

4. 对于前言中克劳斯·诺尔的评论,引自其著作 Klaus Knorr, *Power and Wealth*(New York: Basic Books, 1973), p.40。有关全球资本流动,可参见 Barry Eichengreen, *Globalizing Capital*(Princeton: Princeton University Press, 1996)。

5. 对于经济和安全这一重要关联的最初论述,参见 Charles P.Kindleberger, *Power and Money*(New York: Basic Books, 1970); Knorr, *Power and Wealth*。可参照 Knorr and Frank N.Trager, ed., *Economic Issues and National Security* (Lawrence: Regents Press of Kansas, 1977)。对于货币维度的探讨,参见 Robert O.Keohane and Joseph S.Nye, eds., *Power and Interdependence*, 3rd ed.(New York: Longman, 1977, 2001), part II, pp.4—6; Robert Gilpin, *The Political Economy of International Relations* (Princeton: Princeton University Press, 1987),特别是第四章。

6. 详见 Robert O. Keohane, *Power and Governance in a Partially Globalized World*(London: Routledge, 2002),特别是基欧汉在第三部分对全球主义、自由主义和治理的论述。也可详见 Jonathan Kirshner, *Currency and Coercion*(Princeton: Princeton University Press, 1995, 1997)。

7. 对于这些发展的简短回顾,可详见 Madeleine O.Hosli, *The Euro*(Boulder, CO: Lynne Rinner, 2005)。

8. RMB 是人民币的缩写,以"元"为单位。

9. 对这一主题的研究,可详见 Michael Mastanduno, "Economics and Security in Stagecraft and Scholarship," *International Organization*, Vol. 52, 1998, pp.825—854。可参照 Peter Dombrowski, ed., *Guns and Butter*(Boulder, CO: Lynne Rienner, 2005)。

10. 参见 Joseph S.Nye, Jr., *The Paradox of American Power*(Oxford and New York: Oxford University Press, 2002), pp.8—12。相比之下,肯尼思·华尔兹并没有将权力分为不同类型,反而将这些能力视为一个整体——一个单一单元。详见他的著作 *Theory of International Politics*(Boston: Addison Wesley, 1979), pp.129—131 等。

11. 对于这个概念的早期论述,详见 Ashton B.Carter, William J.Perry, and John D. Steinbruner, *A New Concept of Cooperative Security*, *Brookings Occasional Papers*(Washington, DC: Brookings Institution, 1992)。

12. 认知共同体的成员往往持有:(1)"规范性和原则性信念,为社会行动提供一个以价值观为基础的依据";(2)"因果性信念",与其所探讨的"有可能的政策行动"及其寻求的"预期结果"相关;(3)"有效性的观念"或者"用以权衡和证实知识的主体之间的、内部定义的标准";(4)"政策计划"或者"指向专业技能的一系列问题"。详见 Peter M. Haas, ed., *Knowledge, Power, and International Policy Coordination*(Columbia: University of South Carolina Press, 1992), p.3。

13. 他们的确以电子通信彼此保持联系,特别是当经济危机或其他挑战出现时。他们定期在国际货币基金组织、世界银行、经合组织及其他制度环境下会面。尽管财政官员和中央银行行长有一些重叠，但是两者之间的差异足以确保将其视为不同的共同体——后者更能被视为认知共同体。

14. 伊桑·卡普斯坦(Ethan Kapstein)认为中央银行行长仅仅“像”一个认知共同体那样行动。详见其论文“Between Power and Purpose,” in *Knowledge, Power, and International Policy Coordination*, ed. Haas, pp.265—287。然而现在大量证据表明中央银行行长可以被称为认知共同体。详见 Hall, *Central Banking as Global Governance*, Toniolo and Clement, *Central Bank Cooperation at the Bank for International Settlements, 1930—1973*; Borio, Toniolo, and Clement, eds., *Past and Future of Central Bank Cooperation*。

15. 详见巴里·艾肯格林(Barry Eichengreen)在其著作《过度特权》(*Exorbitant Privilege*)(New York: Oxford University Press, 2011)中对这一戴高乐主义抱怨的论述。

16. 第二次世界大战后，欧洲、日本及其他经济体沦为废墟，资本从国外市场不断流入美国，受到美国强有力的出口地位的推动——当时美国长期保持贸易盈余。由于美国军事开支的增长，马歇尔援助计划及其他对外援助、美国海外私人投资，以及美国国内机构和多边制度以美元计价的贷款，资本反而从美国流出。美元作为主要货币而向国际贸易与投资提供资金，而且连同黄金作为官方储备的角色所需要的是，美元供应最终需要满足这些市场需求，因而终结了美元短缺的问题。充足的美元供应使其成为国际交易的主要货币，而且其作为官方储备货币的角色日渐突出。

17. 所有预期的经济产出或者趋势通常以其他条件相同的告诫为前提。

18. 在一个颇具代表性的年份，美国国防开支大概占全球各国国防总开支的45%(2008年美国国防开支为6 962.68亿美元，全球各国国防开支总额为15 478.01亿美元，用以为全球承诺提供资金)。例如，参见位于伦敦的国际战略研究所(IISS)所出版的 *The Military Balance, 2010* (London: Routledge, 2009), pp.462, 468。

19. 北大西洋公约组织成立于1949年，由加拿大、冰岛、西欧以及地中海东部国家——即希腊和土耳其组成。冷战后北约成员国从16个扩展到28个。

20. 美洲国家组织成立于1948年，但是可追溯至1890年的泛美同盟。

21. 英国所领导的《巴格达条约》(1955年)涵盖了伊拉克、土耳其、伊朗以及巴基斯坦，在伊拉克退出之后1959年成为中央条约组织(CENTO)。英国当局将该地区视为其历史性势力范围，因而美国从来不是《巴格达条约》或者中央条约组织的正式成员国。然而美国是上述两个组织的重要支持者。1979年伊朗革命之后，联盟解散了。

22. 美国所领导的东南亚条约组织(SEATO)或者《马尼拉条约》形成于1954年，抵御共产主义政权在该地区的扩展。除了美国和菲律宾(虽然独立，但仍是美国的附庸国)外，其他成员国包括泰国、法国(越南、柬埔寨以及老挝——法国曾经的势力范围)、英国(中国香港、马来亚、缅甸都属于英国的势力范围)、巴基斯坦

（包括东巴基斯坦，即当今的孟加拉国——东西巴基斯坦曾经是英属印度）以及澳大利亚和新西兰（两者属于英联邦成员国）。当共产党在越南取得了胜利（1975年），1977年东南亚条约组织解体了。

23. 澳大利亚-新西兰-美国联盟在1951年成立，其联盟条约在1952年生效。

24. 台湾防卫司令部（TDC）成立于1955年，在1979年美国对中华人民共和国外交关系正常化后被裁撤了。

25. 北美防空联合司令部（NORAD）——当前的北美防空司令部——成立于1957年。

第一部分

欧洲中心:英镑、美元与第一次世界大战前的安全

第一章
货币、帝国与第一次世界大战前的安全

1870 年之后，法国并未与英国竞争金融领导地位。反而在 1890 年霸菱危机之时，法国以法兰西银行向英格兰银行提供黄金贷款的方式支持英国。

——查尔斯·P.金德尔伯格(Charles P.Kindleberger)

伦敦成为“一个国际贴现市场、国际航运市场、国际保险市场以及……国际资本市场”。

——爱德华·H.卡尔(E.H.Carr)

千禧年伊始，欧洲联盟的设计者懂得一个共同的货币和货币政策需要与之相匹配的财政政策。经过多轮谈判之后，谈判方达成一些目标，涉及征税、开支、借款。借款需要对预算赤字作出限制以及控制国债占国内生产总值的比例。然而实际情况是，调和财政政策的分歧说起来容易，做起来难。

事实上，在欧元诞生 10 年之后，严重的问题出现了。地中海国家的扩张性财政政策与德国及北欧国家更为保守的量入为出的政策背道而驰。不必惊讶的是，这些财政不对称性挑战着欧元的活力。哪个欧元区国家会退出，退回到自己国家的货币——或者更糟的是整个欧元区会解体吗？这个国家或许是希腊，或许是西班牙，或许是葡萄牙，或许是塞浦路斯？或许这个国家是意大利？为了保全欧元区应该(或者必须)做些什么呢？经济安全和国家安全不仅涉及一个国家，而且涉及整个欧盟。既然一个国家无法独自解决这一问题，那么一个以欧洲中央银行为核心的多边、合作性安全方法很快就成为最重要的事。

为任何成员国经济安全与国家安全目标的服务取决于参与集体行动的这一意愿。对于维系欧元区等计划而言幸运的是，对用以应对各种争议性议题的多边主义这一偏爱已经深深地内嵌在欧洲架构之中。这一多边规范大多形成于几个世纪前的和平时期，也是对武装冲突这一祸患的反应与预防。欧洲人常常深受武装冲突之苦。

国际货币协调在欧洲并不新鲜。19 世纪末、20 世纪初，大英帝国、法兰西帝国、丹麦、比利时、德国、葡萄牙(包括其殖民地，大多在非洲)以及西班牙帝国取决于当今国家所需的国际流动性，以弥补贸易逆差及其他净资本流出——国家储备中足够的黄金和外汇、当需要时可获取的贷款或国家信贷额度。鉴于视角的差异，一个公认的多边方法绝非易事。然而，欧元区国家往往最终正是在这一有关经济安全和国家安全的合作方法中找到共同点。当然，维系欧元区所需的最有影响力的参与者是德国。在 60 多年中，德国一直是该区域内最大、最强的经济体。

欧元的创立与维系

21 世纪初，欧元——历经长达 10 年的发展——日渐成熟。[1]这一协调性进程有着深刻的历史先例，笔者从本章开始予以探讨。欧元并非仅是一个经济-安全议题。政策精英将切实可行的欧元视为欧洲与美国及其他大国在全球范围内相竞争所必需的。对欧元的支持来自政府、私人部门的欧洲资本所有者和管理者以及欧洲大陆许多热心公众。

一些欧盟成员国的政策精英对此持有异议。英国与丹麦最终退出了欧元计划。批评者观察到，对这一货币例外(第一次允许一些国家退出以便其他国家能够继续进行)的认可是如何将欧洲进程转化为菜单式整合。成员国以往协力将欧洲一体化推向深入，从煤钢共同体(1953 年)到关税同盟(该目标设定于1958年,最终在1967年实现),再到共同市场(该目标设定于1987年,最终在1992年实现)。

选择进入欧元区的欧盟决策者讨论了货币政策和财政政策之间的联系,而且采取措施以避免(至少缩小)两者的不对称。他们在一些国家所偏爱的扩张性、以增长为导向的政策,以及其他国家,特别是德国和其他资本丰裕国所偏爱的更加保守性的财政政策和货币政策之间寻求共同点和折中点。有关国家预算赤字和债务限额的指导方针是必要的,以面对维系一项共同货币政策的挑战,但同时允许17个欧元区国家实施各自的财政(征税、开支与借款)政策。

政策精英有关欧元运转所需的这一共识最终使17个欧元区国家:(1)撇开本国货币而采用欧元;(2)参加在法兰克福新成立的欧洲中央银行;(3)达成一项共同的货币政策——设定货币供应以及利率目标,对国家预算赤字(国内生产总值的3%)和债务(国内生产总值的60%)实施财政限额;[2](4)管理欧元的币值及其与美元、英镑、日元及其他货币的汇率;(5)与英国、美国、日本、中国及其他非欧元区国家保持接触以促进合作关系,从而维系货币在区域层面、全球层面的国际流动性。

虽然政策精英非常努力地将财政政策的差异保持在有限的范围内,但是不对称性一如既往——欧元的阿基里斯之踵。在21世纪第一个10年之末,财政部长、中央银行行长,甚至首相深感危机,竞相避免希腊、西班牙及其他欧盟成员国债务违约。这是个古老的欧洲故事——资本丰盈的北部国家面对着深陷财政困局的南部国家。笔者在本章及其后的章节更为详细地予以探讨。

德国和其他北部国家针对资本转移要求更大的紧缩政策,以维系欧元区及其欧盟的活力。尽管其所使用的语言是技术性的、正式的外交辞令,但是基本信息具有清教徒式的语气——犹如这是地中海欧洲国家再次对所谓挥霍的"忏悔"。预算赤字加重了主权债务——财政部或中央银行往往以更高的利率从金融市场借款,相比于更有信誉的国家所支付的利率。

如果这还不够,希腊和其他国家造假和错误的经济数据报告惹恼了很多国家,特别是德国和其他一些北欧国家。对德国等国家来说,仍将入不敷出的政府是这一问题的原因。只要诸如此类的行动并没有破坏整个货币安排——使欧元和欧盟本身陷入险境——那么它们“应受”此类政策的后果。

相比之下,在南欧国家看来,欧洲北部资本丰盈国家抑制通货膨胀的紧缩政策是这一问题的真正原因。欧洲北部国家紧缩的货币和财政政策减少了从南欧国家的进口及其对南欧国家的投资。换言之,南北欧国家所实施的政策都具有负外部性——彼此都受到政策的不利影响。

财政政策的这一不对称性——欧洲北部国家的财政政策相对紧缩,然而欧洲南部国家的财政政策相对扩张——是货币危局的症结。美国在联邦层面有统一的财政政策及其美联储所制定的货币政策。不同于美国,欧元区 17 个成员国都有自己的财政政策——仅仅由所规定的国家赤字和债务限额范围的承诺加以约束。

2010 年 5 月达成的 1 100 亿欧元“紧急救助”第一笔贷款是为了将希腊留在欧元区,或者更广泛地说维系欧盟的共同货币计划。这笔贷款由国际货币基金组织(IMF)、德国及其他欧元区国家经由欧洲中央银行提供。希腊日益恶化的局势使其他资本转移成为必要——1 300 亿欧元是 2012 年 2 月最终批准的数额。严厉的紧缩措施意在提高政府收入、遏制赤字开支以及推进国有企业私有化,是希腊获取这些贷款所承受的代价。遵照更加紧缩政策的要求成为实际接受资金的条件。

罢工和国内动乱是这些紧缩措施意料之中的后果。当民众和商人受到增税和减少政府开支的补救措施的不利影响时,气氛紧张的政治氛围往往引发更换执政当局的呼声。尽管希腊政策精英面临着巨大的政治反对,但是他们承诺希腊将留在欧元区,在这些债务谈判中占了上风。

希腊并非个案。匈牙利(200 亿欧元,2008 年)、拉脱维亚(75 亿欧元,2008 年)、罗马尼亚(2009 年和 2011 年分别为 206 亿欧元、51 亿欧元)、爱尔兰(675 亿欧元,2010 年)、葡萄牙(780 亿欧元,2011 年)以及西班牙(414 亿欧元,2010 年)的贷款或信贷额度得以放款,以维系这些国家对欧元区的承诺。为了应对希腊及其他挑战,政治上相连的欧洲政策精英逐渐形成了加强欧洲中央银行能力——欧洲中央银行维系着欧元区成员国之间国际流动性所需的资源——的共识。

伴随着对更大程度的多边制度化以及欧元区成员提供更多资本的呼声，2010 年欧洲金融稳定基金（the European Financial Stability Facility, EFSF）、欧洲金融稳定机制（the European Financial Stability Mechanism, EFSM）应运而生。结果是，位于卢森堡的欧洲稳定机制（the European Stability Mechanism, ESM）又提供了 7 000 亿欧元，巩固了欧洲金融稳定基金、欧洲金融稳定机制。

维系国际流动性——获取或者储备货币兑换所需的外币——在地区或全球上并不仅仅是一个经济挑战，而且是国家（以及国际）安全关切的核心。欧洲、美国及其他国家的无力偿付显然有全球性影响。借钱不仅是经济安全（维系商业和人们赖以生存的贸易、投资及其他商业形式）所必需的，而且是为政府外交及国家安全支出提供资金所必需的。虽然美国及其他资本丰裕国的决策者往往在集体审议时有更大的话语权，但是他们不能完全以单边措施获得经济安全和国家安全。事实上，维护国际货币机制——维系国际流动性——是一个需要多边方法的安全目标。

国有部门利益以及私人部门利益的经济安全、对外政策行动以及海外军事部署需要日常财务——欣然接受以特定国家的货币支付。国家与非国家行为体所从事的贸易、投资及其他商业形式推动着日常资本流动，然而这种资本流动需要货币兑换，反而取决于每个国家的流动性——获得其国家储备所持有的其他国家的货币，或是在金融市场上购买或贷款而得的，或是由其他国家财产所带来的。

多边主义至关重要。欧洲、美国或其他的货币挑战是反复出现的现象，值得进行历史研究。即使没有其他原因，这一历史研究强调，流动性问题的集体纠正方法需要与其他国家有持续合作的意愿（这种意愿虽然常常难以捉摸）。合作性安全不仅是避免武装冲突的方法，而且是政策精英心中明确的自身利益。这种利益会使政策精英咨询、协调以及构思实现经济安全和金融安全的方法。政府、企业实体、其他非政府组织以及个人需要经济安全和金融安全，以维系其国内外行动。货币毕竟是个社会建构。货币受制于人为干预。这一实践性认识起作用，无论是在市场中或在国家会议与国际会议中。在市场、国内会议或国际会议上，银行家、财政部官员及其他政策精英实施其所认为的利益。

回顾19世纪——万变不离其宗

江山易改,本性难移。我们从21世纪欧元的诞生及其所需的协作回想到19世纪末、20世纪初,观察到金融危机与资本所有者、管理者中政策精英集体探讨解决办法的情况交织在一起。经济安全和国家安全有赖于一国用以为其国内外开支提供经费的货币的活力。然而就像现在一样,组合不同的紧急援助(以21世纪的术语言之)在一起的做法在当时中央银行和私人银行中是司空见惯的事情。

19世纪末、20世纪初,英国当局,特别是英格兰银行往往在诸如此类的国际货币事务中处于领导地位,无论在欧洲还是在全球。这不仅归因于英国及其英镑有信誉的地位,而且归因于如下事实,即英国当局认为其领导地位符合英国的经济利益和国家安全利益。毕竟,这一全球性帝国的地位——日不落帝国——需要捍卫。英国政治精英和金融政策精英懂得利害攸关的经济利益与国家安全利益。

黄金、英镑是由大英帝国商业和安全社会建构而成的基石。其他国家根据金汇兑本位制界定自己的货币,致使英镑成为国际货币——以英镑作为记账单位、价值储存手段、商业的交换媒介、支付手段,并有助于促进其自身对外政策和国家安全政策行为。商业利益、经济利益以及安全考量相互交织在一起。

印度以及英联邦自治领地为大英帝国作出实质性贡献,以维系作为主要国际货币的英镑。虽然一些英镑存款由私人银行留存在伦敦,但是南非通过向伦敦市场输入黄金的形式作出重要贡献。事实上,此外英国介入布尔战争(1899年至1902年)意在控制荷兰殖民者居住且富有黄金的地区。

因而支撑着英镑的黄金不仅是为大英帝国安全提供资金的手段,而且本身也是目的。大英帝国扩展和巩固对南非的控制,确保了通往印度和东方其他地区航线的战略地位。就这一点而言,主要产自南非的以及产自澳大利亚(甚至部分来自印度)的黄金极大地增加了货币黄金储备量,从1904年的55亿美元增长到了1914年的80亿美元——仅仅10年就增长了45%![3]

供应不断增长的黄金有助于维系金本位制下的英镑可兑换性及其他货币的可兑换性。对于英国和其他国家而言,这一流动性增加显而易见的好处是调整方面的"法则"减少了——一种因连续的收支赤字而"延缓其他必要的收缩性调整"的能力。[4]

大英帝国之外对英镑的支持

虽然大英帝国在很大程度上对于向伦敦市场供应新的黄金负有责任,1913年几乎持有所有英镑存款的36%,但是大英帝国之外的经济落后国家也作出了实质性贡献。例如,阿根廷是英国资本流入特别重要的来源。19世纪下半叶,英国对阿根廷铁路、公共设施及其他建设项目大量投资,不仅刺激了阿根廷对英国制造设备的购买,而且给英国带来了债务还本付息方面的大量收入。[5]此外,每当需要时,利率差也能够将大量阿根廷资本吸引到英国。

在维系英镑的可兑换性方面,日本也是一个重要贡献者,特别是在20世纪之交到第一次世界大战爆发之前的时期。事实上,1913年,日本中央银行、日本政府以及横滨正金银行(the Yokohama Specie Bank)持有官方全部英镑储备的43.7%——甚至比大英帝国的全部贡献总额还要多。据称,1895年和1905年,日本分别与中国与俄国签订的战胜之后的"秘密协议"确保了英国与日本的这一联系。[6]

除了保证朝鲜的"独立"外,日本迫使中国向其支付"可兑换英镑的赔偿"。[7]从大体上说,英国允许日本从中国攫取资源的条件是很大一部分赔款应该以存款方式留存在伦敦。此外,日本以比其借款少的资金用于日俄战争。这些贷款的盈余留存在伦敦,或许是英国当局支持日本获得战争贷款所签署的协议的一部分内容。

表1.1中的数据描述了第一次世界大战爆发前的1913年所实现的相对高层次的协作,支持着英国所领导的国际货币机制。大多数国家参与了这一维系国际货币机制的协作性安排或准则。虽然一些国家(或殖民地)由于其存款而分属不同的货币区,但是这些货币区的领导者本身承诺当需要时将支持英国货币英镑。

表1.1　1913年关键货币储备

(占外汇储备总额的百分比)

英镑集团/区	关　键　货　币		
	英　镑	法　郎	马　克
德　国	28.2	10.1	—
瑞　士	41.9	26.7	12.8
加拿大	100.0	—	—
挪　威*	28.7	11.0	28.7
澳大利亚	100.0	—	—
锡　兰	100.0	—	—
印　度	100.0	—	—
日　本	84.6	10.8	1.7
法郎集团/区			
希　腊	24.8	43.3	0.2
俄　国	7.8	72.6	17.3
马克集团/区			
奥匈帝国	22.8	—	48.5
芬　兰	15.8	5.3	25.8
意大利	11.2	14.7	36.6
挪　威*	28.7	11.0	28.7
罗马尼亚	12.6	20.8	66.0
瑞　典	14.3	2.1	35.5
智　利	25.3	—	74.7

* 挪威在英镑区和马克区均加以描述,其储备均衡地由这两种主要货币构成。

资料来源:表格改编自以下文献中的数据:Peter H.Lindert, *Key Currencies and Gold, 1900—1913*, Princeton Studies in International Finance no.24(Princeton: Princeton University Department of Economics, 1969), pp.10—12, 18—19。

官方与私人行为体——英国的和非英国的——根据自己的需要和能

力自由使用英镑及伦敦的融资机制，没有行为体被排除在外。一些行为体自愿维系机制，但是另一些行为体是受命而为之。如上所讨论的，英法合作属于前者的情况。英法协作性活动通常是自愿的，以期一些互惠互利或相互避免一些协作缺失所导致的损失。相比之下，印度在维系1914年国际货币机制而承担费用方面所扮演的角色是非自愿的——是一种英国强加给殖民地的税收形式。这并不是说印度没有从被迫与英国的合作中得到任何好处，只是说殖民地在此事上没有太多的选择。

归根结底，英国有能力维系英镑的可兑换性，在很大程度上是因为就长期而言，英国是个贷款方(或资本输出方)，但是就短期而言，它是个借款方。[8]一般而言，通过使用折现率，“较大”的金融中心相比于较小的金融中心更易于以贴现率在更大程度上控制汇率。[9]换言之，相比[德国]国家银行，英格兰银行有能力更有效地控制英镑与马克的汇率，尽管德国国家银行比欧洲大陆的边缘国家在马克的汇率上有更大的权力。经由这一等级制，伦敦货币紧缩的影响转向……边缘国家……招致长期的收支盈余。国际货币体系利用盈余国家的资金以支持关键货币的能力似乎有益于1914年之前英镑体系的稳定与信心。[10]

存留在伦敦、巴黎以及柏林的官方存款和私人存款分别支持着英镑、法郎以及马克。

在1914年第一次世界大战爆发前，对关键货币的支持是维持国际货币机制的关键。这些不同的支持是对利率差、便利性及其他市场考量的反应。这并不是一个未经调节的自动运行或调整的金本位制，而是一个由财政部官员和中央银行行长采取明确行动以实现和维系黄金与英镑及其他与金汇兑本位制相联系的货币可兑换性的金本位制。

除英国之外，法国与德国也提供它们的货币和融资机制。然而，巴黎和柏林无法替代伦敦的地位，因而两者从来都不是全球货币机制中领导地位的有力竞争者。然而，英镑的影响也并非如通常所想象的那样普遍。1892年法俄联盟形成，以共同应对德国所造成的安全威胁。由于法俄的特殊关系，俄国持有大量法郎存款。在20世纪之交这些存款的数额大约为5 000万美元，但是1910年以后增长到3亿多美元。[11]

尽管俄国相当大地支持着法国——很大程度上以此获得各种贷款和

信贷——沙皇政府也将存款存留在伦敦和柏林。不幸的是,从上述三个货币中心来看,俄国的存款有较大风险,频繁的提款并不会促成外汇市场的稳定。[12]然而,当需要时,法国直接援助英格兰银行。以此为例,1890 年沙皇政府以黄金购买了 150 万英镑的英国国债。[13]然而,这并非沙皇政府的正常行为。

欧洲大陆贸易以及一个拉丁货币联盟的形成

在 1870 年至 1871 年普法战争战败之前,巴黎在与伦敦的竞争中获得了成功,主要在欧洲大陆贸易的融资方面。此外,法国与其他大陆国家协作,建立了一个货币区——拉丁货币联盟。法国采用(金银)复本位制(a bimetallic standard),有别于英国。霍特里(Hawtrey)将法国视为复本位制的关键所在:“在实施复本位制的国家,商人可以固定价格不受数量限制地买卖黄金、白银。如果商人准备持有很多黄金与白银,足以与世界供需相称,那么他将会主导着世界上黄金、白银的价格。”[14]

由于 1849 年在加利福尼亚发现了黄金以及白银产量的增加,世界上对黄金、白银的供应也增加了。这在某种程度上干扰了黄金、白银之间兑换的稳定性。此外,与银币重量(即不同银币中含银量有所不同)差异有关的套利行为会搅乱国内铸币体系。例如,在 19 世纪 50 年代,用旧了的法国硬币比新铸的比利时硬币轻一些,由此致使比利时硬币退出了流通:“比利时发现其大约 85%的硬币在流通中流出了国界,因为以‘轻’的法国硬币取而代之。”[15]19 世纪 60 年代初,法国硬币以同样的方式取代了“重”的瑞士硬币。对意大利人而言,1862 年意大利人铸造的银币比法国的银币稍轻一些,此后意大利银币在法国铺天而来。[16]

为了解决这种情况,1856 年法国在巴黎举行了货币会议,比利时、瑞士和意大利的官方代表与会。这次会议达成了一个条约,建立拉丁货币联盟。该联盟是一个历时 15 年的货币区。尽管当时相当多的讨论涉及该联盟的所有国家实施金本位制的问题,但是法国的某些利益占了上风，[17]因而复本位制得以保留。

黄金-白银的重量比为1∶15.5(即1克黄金在价值上相当于15.5克白银)，法国面额为5法郎的银币被定为基本单位。在该联盟的每个国家中，所有新硬币的银含量在重量上相当于其面额的83.5%。这些国家的当局用这种方式协调彼此的政策，致力于避免过去15年中铸币混乱的状况。此外，与会各方同意设定白银流通量的上限，以不超过"每个国家每位居民6法郎"的比例。[18]虽然这一安排是一小步，但是这为以国际政策协调控制货币供应开了先例。

然而在实践上，拉丁货币联盟并没有表现出1865年正式协议所提倡的政策协调。意大利第一个退出联盟，1866年5月终止了货币兑换。之所以如此，是因为在过去10年中，意大利通胀性货币政策引起了其官方储备的流失。[19]并非仅仅意大利中断拉丁货币联盟的巧妙安排。19世纪70年代初，白银的价格在世界范围内下跌，法国在安全上需要以超发纸币和白银的方式为普法战争提供资金。这两者都极大地有损于货币政策协调的努力。

从英国来看，拉丁货币联盟并没有挑战伦敦的金融中心地位，反而是个补充，从而有助于欧洲大陆的某种金融稳定，固然是在法国势力范围之内。最初希望普鲁士加入该联盟的愿望随着1870年至1871年普法战争的爆发而落空了。这场战争也使法国不可能进一步与英国竞争货币中心地位。普鲁士的胜利实际上使法国无力竞争。战争不仅对法国而言颇具代价，而且也使其被迫向胜利者支付赔偿，事实上消耗了法国的货币资源。[20]

当然，普法战争最重要的后果是俾斯麦(Bismarck)所领导的德国的崛起。至于货币政策，金本位制的实施被视为工具性的，以形成所预期的联合。[21]霍特里指出："1871年至1873年期间法国的赔偿为德国实施货币改革提供了大量资源。1871年德国启用了新货币，即以黄金为基础的马克。"他还补充道："今后黄金可自由铸币，但是白银却不可自由铸币……于是德国开始大量买入黄金，出售白银。"[22]

德国这一政策对白银产生了灾难性影响，导致其相对于黄金的价格下跌。其结果是"使用白银的国家的货币开始贬值"，而且在那些实施复本位制的国家，白银易于将金币逐出流通环节。最终“唯一的解决办法则是暂停白银的自由铸币”，而且“除了那些使用贬值的纸币的国家，金本位制已经遍及欧洲大陆”[23]。

随着普法战争后法国货币影响力的下降，其法郎区——从未有力联合的拉丁货币联盟——在随后数年中完全分崩离析了。如金德尔伯格(Kindleberger)所言：“1870 年之后，法国不会争夺英国的金融领导地位。相反，当 1890 年霸菱危机爆发时，法国以法兰西银行向英格兰银行提供黄金贷款的方式支持伦敦。”[24]

然而当法国不再挑战英国时，德国开始挑战英国。金德尔伯格指出，“随着 1871 年之后德国资本市场的统一，国内功能集中于柏林，而且对外贸易融资集中于汉堡”[25]。私人德意志银行试图与英国金融机构竞争，但并未成功，或许除“奥斯曼帝国有限的范围”或者“羸弱法国人的意大利附庸政府”之外。[26]

虽然在 1914 年之前，德国在贸易和造船业方面与英国竞争，但是德国基本上将世界金融领导中心的地位拱手让给伦敦。[27]然而许多欧洲大陆的国家逐渐与德国关系密切，如在 1913 年，奥匈帝国、芬兰、意大利、挪威、罗马尼亚、智利及其他国家拥有大量官方马克存款。

这一马克区仍与伦敦息息相关，如马克区的国家所持有的官方英镑存款所表明的那样。对德国而言，其自身外汇总储备的 28%(大约占黄金和外汇总储备的 4%)也是官方的英镑存款形式。诸如此类的储备似乎在很大程度上是便利的。[28]然而不可否认的是，德国货币区的国家也是维系英镑可兑换性的成本分摊者。[29]

最后，19 世纪另一货币区——斯堪的纳维亚货币联盟——也值得一提。19 世纪 70 年代，该联盟由丹麦、挪威和瑞典成立，旨在使成员国有能力通过自身维系金本位制。[30]鉴于此，该集团支持以英国为中心的全球金汇兑本位制。鉴于当时的样子，该联盟所开展的协作令人印象十分深刻。上述三个国家“以相同的货币单位实施金本位制”[31]。直至 20 世纪 60 年代，货币互换协议才完全发展起来。在此之前的 1885 年，“三个国家的中央银行……都对另外两国的中央银行开设账户以便于后者使用……即使它们在受票银行并没有任何贷方余额”[32]。

这种中央银行之间系统性的合作程度始终没有在全球机制层面上得以实现。如若这是常规，那么1914年各国中央银行在应对危急之时会具备更有利的条件。然而，由于本书的宗旨，笔者提及这些多边合作方面显而易见的例子，以支持这些通常所理解的经济利益与国家安全利益。

国际会议

即使国际货币协作并没有像斯堪的纳维亚货币联盟那样发达，面向国际货币机制内所有成员的国际货币会议分别在1867年、1878年、1881年和1912年召开。虽然不同的观点出现在这些会议中，但是与会者一般支持当时的货币安排。他们并没有挑战英国在全球金汇兑本位制中的领导地位。

然而当1867年第一次世界货币大会在巴黎召开时，法国曾初步尝试将其影响力扩大到欧洲大陆之外。[33]英国、美国等19个国家出席了会议。该会议是19世纪自由主义意识形态及其认可英国所偏爱的以黄金为基础的国际货币机制的标志。美国提议，法国应该铸造面额为25法郎的金币。此后美国降低了美元的含金量，使面额为5美元的金币恰巧与法国的新币等价。英国微调了下英镑，而且通用的铸币是事实；随着法国、英国和美国等贸易大国联合起来了，其余国家随之跟进。[34]

美国内战结束后，美国国内利益集团支持以黄金稳定美国货币。除极少数情况例外，与会代表——甚至法国代表——原则上同意最终确立黄金单本位制(gold monometallism)。对英国而言，英国代表显然对将法郎作为基本国际单位的提议漠不关心；然而他们却“到处谋求推进自己所实施的金本位制”[35]。为了回应法国的施压，英国代表明确指出他们不会“对任何易于约束自己政府的问题投票，也不表达促成如下看法的任何意见，即英国会接受1865年的公约”[36]。

简而言之，英国拒绝臣服法国所支配的欧洲大陆货币区，仅仅谋求使其与英国货币政策相一致。至于将英镑与法国面额为25法郎的硬币相一致的问题,英国代表并没有作出承诺。归根到底,英国"普及了金本位制,从中获益,然而在其单本位制或独特铸币制度上毫无妥协"[37]。

拉丁货币联盟当时仍是复本位制。在1874年的巴黎会议上,该联盟成员国面临着大量纸币和贬值的银币,因而同意迈向金本位制。[38]美国当时也是复本位制的提倡者,1878年在巴黎举办的国际货币会议上游说但其并未能说服该联盟保持原来的立场。与会国家并不支持"美国的提议,即以条约设定世界范围内的黄金-白银比率"[39]。

德国甚至都没有参会。尽管英国参会了,但是英国将其视为美国维护其银币的自私举动。在国际会议休会期间所举办的一次会议中,拉丁货币联盟的成员国"勉强地赞成"有关意大利发行更多银币的决定;然而,这仅适用于意大利最后一次发行的情况。由于到期,1879年该联盟续约5年。[40]

法国在拉丁货币联盟的地位明显下降,如1880年拉丁货币联盟试图使意大利重回可兑换机制时所显而易见的那样。尽管英国、荷兰、比利时以及意大利4国的私人银行为意大利政府提供贷款,但是法国银行并未参与。[41]不过该联盟在1881年国际货币会议上仍有能力维系"一个反银币的统一阵线"[42]。

直到1912年,为支持全球货币机制而进行国际协作的承诺才得以确认。当时国际货币会议在布鲁塞尔召开,通过了一个决议,旨在敦促欧洲各国中央银行"举办会议,以改进国际收支体系"[43]。不管这一目标是否有官方表述,但是几乎在20年之后,致力于这一目标的具体行动才得以实施。当1930年国际清算银行(BIS)在巴塞尔最终成立时,这才落地生根。尽管第一次世界大战前几经变迁的协作性安排足以解决非危机时期常态的、日常交易,但是这并不足以应对1914年即将到来的危机。

狂风暴雨前的宁静

1914年之前与国际货币机制相关的协作程度是比较高的。英国以银行网络及对其货币的国际认可,处于国际货币机制的中心。如上所述,在1870年至1871年普法战争之前，法国在一定程度上与英国相竞争，但是新成立的德国取代了法国竞争者的地位。虽然19世纪末、20世纪初德国海军和陆军建设分别挑战着英国的安全与法国的安全，但是在货币事务上德国仍臣服于英国，即使柏林、汉堡从中受益颇多。鉴于英镑作为国际存储手段和流通手段的效用及伦敦作为"国际贴现市场、国际航运市场、国际保险市场以及……国际资本市场"等方面的融资机制，[44]英国仍是国际货币机制的领导者。这些社会建构而成的国际安排所提供的安全即将因第一次世界大战的爆发而覆水难收。

结　　语

19世纪金本位制(更精确地说是英镑-黄金本位制)中的货币事务是自发的——交由市场——是神话般的事情。事实上，中央银行行长和私人银行行长对此决不是漠不关心的。英格兰银行使用贴现率——提高或降低之——直接影响到资本流动。资本流动意在服务于银行和英国全球经济利益和国家安全利益。主权救助方案时常是维系欧洲的国际流动性所必需的。就像现在一样，经济安全和国家安全的首选方法涉及私人银行和中央银行资本转移的合作性措施。

注　释

1. 对于欧洲货币联盟(EMU)建立的最好论述之一，参见Harold James, *Making the European Monetary Union* (Boston: Harvard University Press/Belknap, 2012)。也可详见Madeline O.Hosli, *The Euro* (Boulder, CO: Lynne Rienner, 2005)。对于批判性的视角，可详见Jürgen Habermas, *The Crisis of the European Union* (Cambridge, UK: Polity Press, 2012)。

2. 按照《稳定与增长公约》(the Stability and Growth Pact)(1997年)，年度预算赤字(政府收入减去支出的部分)不得超过国内生产总值的3%，而且全部债务不得超过国内生产总值的60%。事实上，甚至对于欧盟中资本丰裕以及大的经济体而言，恪守这样的上限是困难的：2011年德国的债务相当于其国内生产总值的81.2%(其预算赤字相当于国内生产总值1%，在合理范围之内)，法国的这一指标为 85.8%(其预算赤字相当于国内生产总值的 5.2%)、英国(非欧元区国家)为 85.7%(预算赤字相当于国内生产总值的 8.3%)。这些数字超过国内生产总值 60%上限的三分之一,但仍小于希腊的 165.3%(预算赤字相当于国内生产总值的 9.1%)、意大利的 120.1%(预算赤字相当于国内生产总值的 3.9%)、葡萄牙的 107.8%(预算赤字相当于国内生产总值的 4.2%)、爱尔兰的 108.2%(预算赤字相当于国内生产总值的 13.1%)。西班牙的困难更源于不动产投机和其他国内因素,相比于债务总额(相当于其国内生产总值的 68.5%,而预算赤字相当于国内生产总值的13.1%)。资料来源:European Commission, May 2012。

3. 黄金的原始数据由沃伦(G.F.Warren)以及皮尔森(F.A.Pearson)提供,详见 G.F.Warren and F.A.Pearson, *Gold and Prices*(New York, 1935),转引自 Marcello deCecco, *Money and Empire*(Oxford: Basil Blackwell, 1974), p.247。特定年份的世界黄金储备如下(所有数字以百万美元为单位):1860 年为 2 108; 1870 年为 2 708; 1880 年为 3 121; 1890 年为 3 493; 1900 年为 4 816; 1910 年为 7 028。

4. Peter H. Lindert, Key Currencies and Gold, 1900—1913, Princeton Studies in International Finance no. 24 (Princeton: Princeton University Department of Economics, 1969), pp.73—74.

5. 到 1913 年,英国资本占到阿根廷全部外来投资的 6%。此外,这大概占英国全部对外投资的 10%。盈利回返从 20 世纪之交的年均 5 700 万金比索(1 140 万英镑)上升到了 1911 年至 1914 年的年均 1.56 亿比索(3 120 万英镑)。如果假定这些债务偿还的 60%被充入英国账号而没有进一步投资,那么英国每年仅从阿根廷就可收入约 1 800 万或 1 900 万英镑。这个推论所依据的数据,可参见 A.G. Ford, *The Gold Standard, 1880—1914* (Oxford: Clarendon Press, 1962), pp.88—89。英镑与金比索的汇率为 5 金比索兑换 1 英镑。该汇率用于上述计算并可详见该书第 67 页。对于福特对英阿关系的讨论,参见该书 pp.66—67, 84—89, 155—158, 168—169, 189—193。

6. Lindert, *Key Currencies and Gold*, p.32.可参照 Junnosuke Inouye, *Problems of the Japanese Exchange*(London: Macmillan, 1931), p.74; Ushisaburo Kobayashi, *War and Armaments Loans of Japan*(New York: Oxford University Press, 1922), p.186。

7. Lindert, *Key Currencies and Gold*, p.31.在日本战胜中国后,俄国、法国以及德国共同反对日本广泛的领土要求。这些国家向日本派了特使,然而这些特使并未得到善待。事实上日本的诉求有利于英国的利益。英国同意部分领土要求及其英镑赔款。在英国看来,协议代表着英国外交的某种胜利。英国的亚洲外交寻求减少其他欧洲国家的影响,因而提高了自身地位。

8. 例如,详见 Arthur I.Bloomfield, *Patterns of Fluctuation in International Investment before 1914*, Princeton Studies in International Finance no. 21 (Princeton: Princeton University Department of Economics, 1968)。

9. Lindert, *Key Currencies and Gold*, p.57.当黄金储备减少时,英格兰银行

会提高其贴现率(或利率),导致所需的资本流入英国,从而支持着英格兰银行的黄金储备和外汇储备。因而英格兰银行贴现率确保英镑的可兑换性。对于 19 世纪英格兰银行和金融市场的经典描述,可详见 Walter Bagehot, *Lombard Street* (Fairford, UK: Echo Library, 1873, 2005)。

10. Ibid., p.57.

11. Arthur I.Bloomfield, *Short-Term Capital Movements under the Pre-1914 Gold Standard*, Princeton Studies in International Finance no.11 (Princeton: Princeton University Department of Economics, 1963), pp.96—97.

12. 俄国能够事先不通知地提取其存款。对于其令人不安的影响,参见 Lindert, *Key Currencies and Gold*, pp.29—31。

13. 详见 Arthur I.Bloomfield, *Monetary Policy under the International Gold Standard* (New York: Federal Reserve Bank, 1959), p.57。当俄国在日俄战争中战败后,俄国即将得到西方的帮助。1906 年由法国、英国和其他欧洲国家的私人银行组成的财团向俄国政府提供了 20 多亿法郎的贷款,以稳定俄国的汇兑。详见 Bloomfield, *Short-Term Capital Movements*, p.84。

14. R.G.Hawtrey, *The Gold Standard in Theory and Practice*, 5th ed. (London: Longman's, Green and Co., 1927, 1947), p.71.

15. deCecco, *Money and Empire*, p.43.

16. Ibid., pp.43—44.

17. 英国成为欧洲大陆新兴工业化国家的重要产品供应者,因而黄金成为了愈发流行的媒介。此外,法国民众表现出囤积黄金的倾向。然而,支持(金银)复本位制的法国利益集团是法兰西银行和大量私人银行,特别是罗斯柴尔德家族和贴现银行。反对的一个原因是以套利方式获得的利益。不过,黄金单本位制的观念获得合法性。详见 Walter T.K.Nugent, *Money and American Society* (New York: Free Press, 1968), pp.70—71; deCecco, *Money and Empire*, pp.43—44。

18. deCecco, *Money and Empire*, p.44.

19. 铁路建设和其他发展计划的开支以及对奥地利的战争费用是通胀性货币政策的原因。详见 Ibid., p.46。

20. 详见 Charles P.Kindleberger, *A Financial History of Western Europe* (London: George Allen and Unwin, 1984), pp.58—59; deCecco, *Money and Empire*, pp.46—47; Nugent, *Money and American Society*, p.118。

21. 纽金特指出,"德国各联邦的货币统一或许是政治统一的预演"。既然"普鲁士政策决策者意识到德国货币统一不能以白银为基础,或者普鲁士的[银]泰勒等任何当时的货币单位"。有人主张"德国必须铸造全新的金币"。详见 Nugent, *Money and American Society*, p.121。

22. Hawtrey, *The Gold Standard in Theory and Practice*, pp.73—74.

23. Ibid., p.74.

24. Kindleberger, *A Financial History of Western Europe*, p.59.

25. Ibid., p.29.

26. Ibid., p.60.

27. 布罗姆菲尔德(Bloomfield)觉察到,"尽管相当大的措施在第一次世界大战前的数年似乎已经实现了,但是德国马克从没有获得英镑汇票作为贸易融资手段的地位"。详见 Bloomfield, *Short-Term Capital Movements*, p.37。

28. 首先,"当需要时,英镑收付余额是获取黄金最为可靠的手段"。详见 Lindet, *Key Currencies and Gold*, p.34。

29. 背道而驰的协作也有例证。例如,1898 年,"据报道英格兰银行与法兰西银行向一些德国银行提供了援助……因而减轻了柏林市场上的压力"。详见 Bloomfield, *Monetary Policy under the International Gold Standard*, p.57。

30. 详见 Bloomfield, *Short-Term Capital Movements*, pp.25—27。

31. Ibid., p.25.

32. Ibid.

33. 对于这次会议的详细论述,参见 Nugent, *Money and American Society*, pp.67—90。

34. Ibid., p.79.

35. Ibid., p.85.

36. Ibid., p.87.

37. Ibid., p.89.

38. deCecco, *Money and Empire*, pp.47—48.

39. Nugent, *Money and American Society*, p.255.

40. deCecco, Money and Empire, p.48.

41. 实际上,法兰西银行对如下事实特别不满,即法兰西银行持有无法收回的意大利白银。详见 Ibid., p.49。

42. Ibid., p.50.在大会上美国、奥匈帝国以及俄国支持白银。

43. Bloomfield, *Short-Term Capital Movements*, p.33.

44. Edward Hallett Carr, *Nationalism and After* (London: Macmillan and Co., 1945), pp.14—15.

第二章
战时安全与第一次世界大战期间的货币兑换

[世界大战]切断了从德国与奥匈帝国向英国直接汇款的途径……[但是]并没有完全破坏同盟国的货币与协约国的货币之间的所有联系。

——小威廉·亚当斯·布朗(William Adams Brown, Jr.)

英国不再是世界最大的债权国,[并且]对美国负债累累。随着战争的结束,美国反而成为最大的债权国。

——E.J.霍布斯鲍姆(E.J.Hobsbawm)

战时金融——保持外汇价值以及本国货币的购买力——往往被忽略了或仅仅被视为理所当然的。军事物资的采购、燃料及其他与战争相关的目的需要本国货币作为支付手段而被认可,以支付上述购买。这是战时中央银行行长及财政部官员的业务——通常不公开而在幕后——使维系海外作战行动成为可能。这些货币交易不仅发生在盟国及与其有贸易往来的中立国家之间,而且出现在敌对国家的货币之间。事实上,战时所需要的是占有和使用敌人的货币——无论是与第三方的交易、情报行动或者其他与战争相关的目的。

随着战争的爆发,国际货币机制开始失去生机,然而这一机制在1914年之前显然是适当的。战时货币机制与已经形成的战前大国竞争关系紧密相关。与战争爆发相伴而来的是，在金融事务中战前所形成的两大货币集团日益固化——战争期间的货币关系被描述为“对外借贷与限制挂钩的战时汇率机制”[1]。由于全球机制层面仅存最低限度的共识，两大货币集团围绕着同盟国与协约国的战略分歧而形成。很多中立国、非交战国与上述一方或两方打交道。

尽管1914年8月的事件“切断了从德国与奥匈帝国向英国直接汇款的途径……但是这并没有完全破坏同盟国的货币与协约国的货币之间的所有联系”[2]。例如，中立国瑞士是连接同盟国与协约国两个货币集团的渠道。[3]货币集团的成员国将彼此之间的金汇兑减少到最低限度，节约可用的储备以维护各自货币的汇率，为向中立国及非交战国的采购提供资金。虽然黄金仍是货币价值的法律依据或正式依据，但是当交战国政府日渐控制了国际金融交易时，交战国中止了私人利益集团自由出口黄金的行动。在1914年之前的国际货币机制中，自由出口黄金是一项权利。甚至拥有大量黄金储备的美国在参战后不久也对黄金出口实施禁令。[4]

尽管第一次世界大战期间的大多数货币兑换发生在各自的协约国集团和同盟国集团，但是这两个集团的国家之间也有一些交易，往往是经由瑞士或荷兰等中立国进行的。事实上，“英、德两国经由荷兰开展常规贸易，这为两国的战争办公室所熟知”[5]。此外，如上所述，一些非交战国还与两大集团的国家打交道。货币交易并不完全局限于特定的集团，而且全球货币机制外表上仍然如旧，但是可理解的是，相比于1914年之前的情况，两大集团之外的金融运作大幅减少了。

维持战时货币机制

第一次世界大战期间全球货币机制骤然分化成两个对立的集团。这两个货币集团之外的全球协作层次相比于此前则处于最低水平。战前对维系一个真正全球性的国际货币机制的承诺被束之高阁。虽然每个集团内的国家间兑换一如既往，但是在两个集团之外并不存在全球货币会议。

以管理利率或持有外汇与黄金而支持特定货币方式的互助性努力基本上限于战时的两个货币集团内部。

1914年的事件导致伦敦金融机制崩溃了,随之而来的则是战前全球货币机制的瓦解。当1914年8月枪声响起时,英国政府决定临时中止或者延期付款,特别是那些由承兑行和其他金融机构所欠的外国人的账单。银行利率从3%上涨到10%;然而这种行为可能引起恐慌,而非缓解恐慌。[6]

然而,考虑到金融机制崩溃的影响,英国政府和中央银行很快随机应变,以恢复伦敦市场的金融活动。[7]英格兰银行向许多金融机构预付了2亿英镑。此外,8月13日,英格兰银行在中止付款之前贴现承兑账单,大概提供了1.2亿英镑,以财政部向英格兰银行保证不受损为前提。因此,英国政府经由英格兰银行担负起恢复伦敦金融市场以及建立战时货币集团的责任。1915年1月股票交易业务也恢复了,但是在政府介入以保证"向股票交易所预付款"之后。[8]

在第一次世界大战期间,英国的贴现率与美国的贴现率已经确定了,因而英国的贴现率总是稍高于美国的贴现率[9]——这明确表明了第一次世界大战之初英美两国战时的货币协作。当时"中立"的美国试图在政治上远离冲突。因此,鉴于这一利率差,来自寻求更多收益的美国或其他国家的流动性资本往往更多地被吸引到英国而非美国。[10]结果是,流入英国的资本促使其努力维系战时英镑的汇率。在美国看来,维系比英国还低的贴现率的做法也有阻止其他资本流入美国的优势,因为这些资本也许有通货膨胀的影响。因而英美两国看到了这一合作性安排的好处。

直到1918年,德国才相当成功地稳定了瑞士法郎与德国马克的汇率。在战争的大部分时间里,经由瑞士金融市场的交易同盟国的货币与协约国货币之间的汇率相当稳定。[11]德国在同盟国集团内实施严格的外汇管制,也干预荷兰、丹麦、瑞典、挪威、瑞士、奥匈帝国、保加利亚以及美国的金融市场。[12]甚至在战争爆发之前德国也没有英国那样的资本吸引力,被迫依靠外汇管制及对外国(尤其是中立国)金融市场的干预,以此替代类似于英格兰银行所设计的那种贴现率有差别的计划。

外汇存款及其他资本流动

战时协约国的货币合作也表现为外国中央银行及其财政部在伦敦及其新的金融竞争者纽约的官方存款的形式。这些存款是战争筹资所必需的，直接有助于维系英镑和美元的汇率稳定。伦敦与纽约当时是主要的国际金融中心。事实上，“由于向国内汇款方面的困难，对于战后回到‘正常’汇率的预期以及英国银行所提供的特殊优惠，英国所积聚的外汇储备远多于其银行的需要”[13]。对伦敦的存款所实施的特殊利率也有助于英国吸引这些资本。[14]

除了英联邦自治领及殖民地、美国、法国及其他集团成员之外，挪威、瑞典以及阿根廷等非交战国在伦敦也有大量存款。到1918年6月为止，美国也是个资本净流入国，持有9.8亿美元的外汇存款。表2.1的数据表明，虽然美国以欧洲协约国的货币持有一些存款，但是这些国家所持的存款是美国存款的6倍。

相比较而言，同盟国集团更难以吸引荷兰、丹麦、瑞典等非交战国的存款。[15]结果是，德国及奥匈帝国与这些国家的贸易往往是以现金结算，由此耗尽了同盟国的储备。

表2.1　1918年6月按地区统计的美国存款(百万美元)

地　　区	在美国的外国存款	海外的美国存款
欧洲：协约国	621	94
中立国	281	—
同盟国	—	9
亚　洲	137	39
北美洲	134	89
南美洲	100	59
非洲/大洋洲	3	6
总　计	1 276	296
净差额	980	—

资料来源：美国联邦储备委员会公告，1921年12月，pp.1408—1410。转引自William Adams Brown, *The International Gold Standard Reinterpreted, 1914—1934*, 2 vols.(New York: National Bureau of Economic Research, 1940; and AMS, 1970), p.152。

表 2.2　1913 年和 1918 年的黄金储备

（黄金对本国货币的价值*）

	1913 年	1918 年	百分比的变化
协约国			
英　国	35	108.5	210
美　国	1 924	3 081	60
法　国	3 517	5 478	56
意大利	1 493	1 642	10
俄罗斯*	4 313	9 613	123
同盟国			
德　国	1 170	2 262	93
奥匈帝国	1 241	262	-79
其他国家			
荷　兰	151	689	356
西班牙	472	2 223	371
日　本	376	1 588	322
瑞　典	102	286	180
瑞　士	170	415	144
阿根廷	295	433	47

* 俄国的数据以瑞士法郎的面值计算。由于革命，1918 年的统计数据截至 1917 年 10 月。

资料来源：League of Nations, *Memorandum on Currency and Central Banks: 1913—1925*, II, 34ff; Blankart, *Die Devisenpolitik waehrend des Weltkrieges* (Zurich: Arell Fussli, 1919), pp.21—25，转引自 William Adams Brown, *The International Gold Standard Reinterpreted, 1914—1934* (New York: National Bureau of Economic Research, 1940), p.100, pp.104—105。

如表 2.2 所反映的，战争期间大多数国家财政部和中央银行所持的黄金数量增多了，在某种程度上是因为生产以及国内私人资金的增加。当时最大的增长出现在非交战国，特别是那些交战国的供应者。

战争期间，英格兰银行以官方英镑汇率从南非、澳大利亚和印度的财政部购入黄金。[16] 当然，这一汇率对英国最有利，因为这一汇率反映出英镑实际上并没有贬值。英国以此有能力认为大英帝国所承担的维系英镑的一些成本无关紧要。[17] 因而，大英帝国提供了人力资源和其他资源，由此也直接在货币问题上有利于英国安全。

英镑是协约国用于购买与战争相关的物资的主要货币。法国、俄国、日本以及意大利等该货币集团的国家将黄金运往英国,由此有助于维系英镑与美元的汇率。维系英镑的成本也由英国公民、金融机构承担。由于爱国或其他原因,英国公民出售黄金和美国证券以换取英镑。[18]金融机构将其黄金储备存在英格兰银行。[19]对于加拿大而言,加拿大"将适于在纽约抵押的证券借给英国政府"以支持英镑。甚至法国也将黄金借给英国"以换取英国对法国财政部的信贷"[20]。所有这些货币措施对于英国安全、大英帝国以及与同盟国作战的盟国而言是必要的。

虽然美国在战争之初并非交战国,但是美国是协约国物资的主要供应者,因而由于协约国以黄金付款,美国得到许多黄金。虽然如此,英国仍在协约国的国际货币集团中处于中心地位,鉴于英国作为"为协约国购买战争物资的中间人"的角色,特别是法国、意大利以及俄国。英国运用自己的黄金供应干预纽约及其他外汇市场,以便维系英镑与美元的汇率,进而防止与正式的黄金平价相关的货币贬值。尤其是,伦敦仍保留"全欧洲美元市场"的地位。[21]

同盟国货币集团的中心在柏林。像英国与英镑一样,维系德国马克与黄金的汇率以从非交战国购买的成本并非仅仅由德国承担。1915 年德意志国家银行几乎接收了奥匈帝国银行所有的黄金储备。德国也相当努力地从国内资源及比利时、罗马尼亚、俄国的被占领土中积累德意志国家银行的黄金储备。此外,基于《布列斯特-立陶夫斯克条约》(the Treaty of Brest-Litovsk),俄国新政府将大约值 4 亿马克的黄金移交德意志国家银行。[22]

然而,对于欧洲交战双方而言,黄金仍是相对稀缺的商品。由于通货膨胀的潜在影响,非交战国或中立国面临着相反的问题,抵御大量黄金流入——国内市场货币的数量是随一国黄金储备变化而变化的。因此,以赊购的方式为战争筹资的做法对于交战国和非交战国而言是可接受的。当然,当战后外汇管制被消除时,货币有可能贬值。鉴于此,从交战国来看,赊购是将一些战争金融成本转嫁到非交战国的另一种方式。[23]简而言之,非交战国延期信贷以便减少国内通货膨胀的可能性,实际上有助于维系交战国货币的币值。当然,非交战国以相当自由的信贷条款扩大对交战国的出口，促进了国内就业，从而从中获益。

“中央银行及财政部有意识、有目的及以政治导向控制着黄金流动。”这一过程必然涉及相当多的协作。[24]因此，货币官员在维系冲突双方从事战争方面起到关键性作用。战时货币协作的经验开了一个先例，为笔者在下一章所讨论的战后协作性努力确立了规范。

随着1915年卢西塔尼亚客轮被德国击沉及其对商船的持续袭击，最终美国于1917年参战了。并不惊讶的是，在备战的过程中美国货币协作深化了。英国当局被允许在纽约出售国债，利用美元走强及其出售黄金的方式支持英镑。除了这些英美交易外，1916年法国当局和英国当局也同意在稳定法郎-英镑的汇率方面进行协作。法国三分之一的贷款要花在英国，1915年英国以此为条件扩大了对法国的信贷。[25]

为了换取英国的信贷，法国政府出售黄金、中立国或非交战国的证券以及法国国债。到1918年，法国政府向其盟国大概预付了6.72亿美元。[26]因而，经由诸如此类的合作性努力，“英镑-美元-法郎核心确定无疑地形成了，而且持续到战争结束”[27]。此外，随着美国的参战，美国更加以信贷的形式直接予以支持，因而美国成为从敌对行为一开始就提供货币支持的协约国货币集团的正式成员。[28]

德国和奥地利也设法从瑞士、荷兰、罗马尼亚等国家获得贷款以支持本国货币。事实上，德国和其他参战国以中断中立国的贸易相威胁，除非中立国给予信贷、“稳定贷款”(stabilization loans)。[29]两大货币集团的国家特别是从(但不限于)那些弱小的非交战国那里获取资金，而非允许本国货币对中立国货币贬值：

> 世界上的大国需要从很多小国贷款，因此呈现出叹为观止的景象。法国从西班牙、乌拉圭、瑞士、阿根廷、荷兰、挪威、瑞典、日本、美国以及英国借款。英国从阿根廷、荷兰、日本和美国借款。美国从西班牙、阿根廷和玻利维亚借款。俄国从意大利、法国、日本、英国及美国借款。[30]

此外，如上所述，稳定的汇率对于交战国而言是可以使出口的成本低于货币贬值的成本,是以牺牲非交战国为代价而使交战国受益的。交战国都认为,“保持商品流通以及稳定的汇率体系”是有必要的。这一必要性是不同货币集团内部战时货币协作的主要基础。[31]安全是战时两大货币集团实施货币协作的根本动机。即使两个对立集团的“协作”是最低限度的,但是两者都在各自的范围内追求着相似的货币目标,致使全球层面汇率相当稳定。

英国货币能力的下降

由于战争,英国作为国际金融中心的地位大大下降了。虽然在战争期间,英国黄金储量增长了两倍,但是其储备仅是美国储备的六分之一,是法国储备的一半。1918 年即便战败的德国所持有的黄金还比英国多,而且日本比英国还多 50%。此外,英国商船“1920 年比 1910 年减少了十分之一,然而当时美国的商船增长了一半多,日本则增长了两倍多”[32]。

第一次世界大战对英国国际地位产生了决然不利的长期性净效应(net effect)。除了“英国在国际贸易的竞争地位”下降了之外,战争消耗的沉重代价耗尽了英国资源。“其债权国的地位 1914 年至 1920 年期间下降了近四分之一”,因而终结了“英镑在世界范围内的主导地位”[33]。实际上,英国与美国调换了金融地位,因为“英国不再是实际上最大的债权国”,“对美国负债累累。战争结束后,美国转而成为最大的债权国”[34]。

在整个战争期间,美国贸易顺差。由此,美国“从 1914 年背负 37 亿美元短期和长期债务的净债务国转变成 1919 年末成为拥有相同数额的净债权国”[35]。交战国将 10 多亿美元的黄金运往美国。欧洲流动性的另一个来源是欧洲个人所持有的 14.1 亿美元的美国债券。这些债券由交战国政府接管,用以购买从美国进口的商品。当时由私人利益集团借给美国借款人的国外贷款减少了 5 亿美元,而且欠美国债权人的新贷款债务约为 24 亿美元。[36]美国商品的欠款源自这些资源以及如上所述的美国参战后所给予盟国的大量信贷。

虽然美元并没有欣然地取代英镑，但是纽约日渐成为伦敦金融中心的竞争者。[37]战争已经为纽约提供了给予大量承兑信用而为贸易融资和接收外国存款的机会，否则这些或许集中在伦敦。[38]此外，纽约“成为交战国和中立国的主要债券市场”[39]。

1919 年 3 月，英镑及其他协约国的货币被解除管制了，而且其相对于黄金的价值开始下降。[40]相比于英镑在战前的汇率为 4.867 美元，1920 年 10 月英镑的汇率低到 3.42 美元。[41]如上所述，战争实质性地改变了世界各国的相对能力，特别是在国际货币舞台上。同盟国作为协约国的对手而被铲除了，协约国当时显然占支配地位。在协约国之中，英国在货币能力层面被大幅弱化了，然而美国获得了更加突出的地位。

作为货币领域最强大的国家，美国本来可以在欧洲取得领导地位；然而美国在货币及其他大多数领域内作出了从重大海外参与退却的政治决策。鉴于美国不愿取得领导地位，英国更愿意承担这一角色。因而美国实际上将国际货币领导交由英国。20 世纪 20 年代英国扮演着这一角色，尽管与美国相协调。由于第一次世界大战，能力分配的变化影响着战后最初国际货币机制的建设。

20 世纪 20 年代维系固定汇率机制的努力最终失败，随之而来的是 1929 年股票市场的崩溃及大萧条。在英国、法国及其他欧洲协约国地位弱化了、美国没有有力领导的情况下，浮动汇率制形成了。在这一机制中对协调的需要是最低限度的。虽然美国有其经济和军事“硬权力”方面的能力，但是美国并不想取得货币领导地位，更不说为了支持欧洲（和美国）的安全而发挥军事角色。能动性（agency）——或更具体地说，两次大战期间美国及其决策者缺乏领导意识——实际上并没有阻止诸多事件下行的进程。这些事件引发了第二次世界大战。

结　　语

不仅盟国在战时兑换货币，而且敌对国家也是如此。敌对国家需要为情报收集、间谍活动、采购及其他活动而提供资金。由于在第一次世界大战期间的中立地位,瑞士和荷兰为双方交易敌对国家货币的交易而承担着银行家的角色。除了敌对国家之外,对一国及其盟国而言支撑金融手段而进行战争——对该国及其盟国的目标而言必不可少的利益——是战时模式中的合作性安全。当时,中央银行行长和财政部官员作为资本管理者在一些方面是至关重要的,然而这些方面往往在大多数战争论述中被视而不见。当谈及安全时,货币总是极其重要——尤其是今后。

注 释

1. D. E. Moggridge, *British Monetary Policy, 1924—1941* (Cambridge: Cambridge University Press, 1972), p.19.

2. William Adams Brown, Jr., *The International Gold Standard Reinterpreted, 1914—1934* (New York: National Bureau of Economic Research, 1940), p.13.

3. Ibid., p.14.

4. 例如详见 Milton Friedman and Anna Jacobson Schwartz, *A Monetary History of the United States, 1867—1960* (Princeton: Princeton University Press, 1963), p.192。

5. Brown, *The International Gold Standard Reinterpreted*, p.53.

6. 详见 Paul Einzig, *World Finance, 1914—1935* (New York: Macmillan, 1935), pp.30—31。

7. 详见 Brown, *The International Gold Standard Reinterpreted*, pp.22—23。

8. Ibid., p.23.

9. 英国的贴现率,详见 David K. Sheppard, *The Growth and Role of UK financial Institutions* (London: Methuen and Co., 1971), p.190。美国的贴现率,详见 Friedman and Schwartz, *A Monetary History of the United States*, p.214。

10. 当然,利率之外的因素——如,对特定货币未来币值的信心——也成为潜在的存款人考量的范围。

11. Brown, *The International Gold Standard Reinterpreted*, pp.69—70.

12. Ibid., pp.62—63.

13. Ibid., p.93.

14. 艾因齐格评论道:"在偿还特别存款利率的帮助下,英国当局设法从中立国吸引大量资金,虽然外汇风险是存在的。"详见 Einzig, *World Finance*, p.37。

15. Brown, *The International Gold Standard Reinterpreted*, p.94.

16. 实付价格在每盎司 77s.9d.至 77s.10.5d.的范围波动。详见 Ibid., pp.31, 40—41。

17. 此外,甚至当英国向英联邦自治领发放贷款时,这些资金仍将在英国国内使用。详见 Ibid., p.73。

18. 详见 Einzig, *World Finance*, p.38。

19. 例如,1915 年 8 月数家股份制银行将 2 000 万英镑送往伦敦。详见 Brown, *The International Gold Standard Reinterpreted*, pp.41—42。

20. Ibid., pp.58, 61.

21. Ibid., pp.41, 55—56.

22. 以黄金平价计算这仅仅不足 1 亿美元。详见 Ibid., pp.43—44。

23. 瑞士也从拉丁货币联盟的其他成员国——即法国和意大利——那里收到了银币,以取代黄金。Ibid., p.107.

24. Ibid., p.47.

25. Ibid., p.73.

26. Brown, *The International Gold Standard Reinterpreted*, p.103.

27. Ibid., 62.在战争期间,英国、法国和美国的协作使三个主要的协约国货币的汇率保持了相对的稳定。在 1914 年 7 美元(兑 1 英镑)和 1915 年 4.5 美元(兑 1 英镑)范围的浮动后,1916 年 1 月英国将英镑稳定在 1 英镑兑换 4.76 美元又 7/16 分。这个数字比 1914 年前英镑的币值低了两个百分点。在战争之初法郎溢价,但是法国以购买英镑和美元的方式干预,致使法郎未再升值。然而情况有变,而且法郎从 1914 年之前的 19.30 分跌至 1916 年 4 月的 16.74 分。1917 年法郎回升到 17.51 分,1918 年达到了 18.37 分。详见 Friedman and Schwartz, *A Monetary History of the United States*, p.200; Einzig, *World Finance*, p.41。

28. 在战争期间,美国分别向英国、法国和意大利垫付的净现金为 41.96 亿美元、29.66 亿美元、16.31 亿美元。这一数据源于 *Annual Report of the Secretary of the Treasury* (*1920*), 转引自 Brown, *The International Gold Standard Reinterpreted*, p.74。美国在停战后的两年中向其盟国又垫付了 22 亿美元。详见 Friedman and Schwartz, *A Monetary History of the United States*, p.216。

29. 西班牙也向法国和美国发放了类似的贷款。详见 Brown, *The International Gold Standard Reinterpreted*, pp.67—68。

30. Ibid., p.67.

31. Ibid., p.83, p.96.

32. Ibid., p.137.

33. Ibid., p.138.

34. E.J.Hobsbawm, *Industry and Empire* (Baltimore, MD: Penguin Books, 1968, 1969), p.152.

35. Bureau of the Census, *Historical Statistics of the United States*, *1789—1945*, Series M-l, 1949, p.242,转引自 Friedman and Schwartz, *A Monetary History of the United States*, p.199。

36. Brown, *The International Gold Standard Reinterpreted*, p.65.

37. 详见 Charles P. Kindleberger, *The Formation of Financial Centers*, *Princeton Studies in International Finance no.36*(Princeton: Princeton University Department of Economics, 1974), p.61。

38. Brown, *The International Gold Standard Reinterpreted*, p.153.

39. Ibid.

40. 虽然英国战争期间以各种方式实施抑制黄金出口的政策,但是直到"战争之后"英国并没有"正式放弃金本位制"。当时英国对黄金出口实施法定禁运。直到1925年,英镑的币值才被允许浮动。详见 Donald Winch, *Economics and Policy*(New York: Walker and Co., 1969), p.77。

41. 1919年3月至1933年12月期间英镑的浮动,可详见 Brown, *The International Gold Standard Reinterpreted*, p.231。

第三章

第一次世界大战之后重振英镑、商业与安全

金融条件和货币条件必定为贸易提供充分安全。

——英国前首相大卫·劳合·乔治(David Lloyd George)

[丘吉尔]并没有不犯错误的本能性判断;在某种程度上因为没有这种本能性判断,他因传统金融的大声疾呼而失聪了,尤其是因为丘吉尔深受他自己的专家的误导。

——约翰·梅纳德·凯恩斯(John Maynard Keynes)

最初达成的赔款协议被强加于德国。此后不久,参与国在一些原则的共识方面取得了进展。这些原则用以治理战后新成立的国际货币机制。央行行长和其他经济"专家"(资本管理者中货币事务方面新生的认知共同体)所支持的政府部长齐聚热那亚会议,[1] 1922 年 5 月 19 日最终同意致力于重建金汇兑本位制。[2] 在很大程度上,热那亚会议反映出由大卫·劳合·乔治所率领的英国代表团的意愿。[3] 然而,颇具影响的英格兰银行行长蒙塔古·诺曼(Montagu Norman)身处幕后。[4] 值得注意的是,美国人并没有参加热那亚会议。由于没有有效的竞争,领导地位在默认情况下交由英国。

英国地位潜在的教义性前提在 1918 年坎利夫委员会(the Cunliffe Committee)上已经被清晰地表述出来了。当时坎利夫委员会倡导恢复

“金本位制的自动作用”[5]。事实上,1918 年 1 月英国政府设立了坎利夫委员会,“以思考重建时期与货币和外汇有关的诸多问题,以及有关适时地促成正常条件所需的步骤的报告”[6]。委员会报告的实质是,应该恢复 1914 年之前的国际货币机制——“一种对英国控制信贷和支持汇兑的传统方法毫不动摇的信心……[以及]对恢复普通技术的大声疾呼”[7]。

目标在于以“终止政府借款”以及“经由英格兰银行贴现率政策而恢复久经考验的信贷控制政策”的方式回归常态,即使这意味着通货紧缩的经济政策。英国将黄金——或者更准确地说以一定重量的黄金而规定的英镑——视为这一机制的关键。

热那亚会议的学理基础是条理分明的——“自由主义的非凡实例”[8]。劳合·乔治甚至告诉会议代表,他们的“努力必须包括消除有碍贸易的所有壁垒”。对于货币事务,他则指出“金融条件和货币条件必定为贸易提供充分安全”[9]。

诺曼和纽约联邦储备银行的本杰明·斯特朗(Benjamin Strong)崇信在恢复金本位制的情况下货币市场的自发性或自我调节。诺曼指出,在金本位制中“交易所的稳定通过以往的方式自行管理,而且人为的稳定几乎是不必要的”[10]。对于斯特朗而言,他也反对金融当局的“管理”。他信赖自由市场的力量。在金本位制下“这更是自发的;我们不必如此依赖于判断,反而我们更依赖于自然力量的作用及其对价格的反应”[11]。

热那亚会议所通过的货币决议是特别令人感兴趣的,[12]因为这些决议代表了一个有关在新恢复的机制中运行的达成一致规则或规范的正式声明。[13]每个国家都在寻求“本国货币币值”的稳定,而且使中央银行“仅仅按照审慎的金融方法”,而且“不受政治压力”地负责金融事务。这些决议需要“中央银行之间的持续合作”,以便于“协调其政策而不妨碍几个中央银行的自由”。

当时明确提倡的是,恢复金本位制而作为“唯一常用的本位制,由所有欧洲国家……采用”。因而达成共识的是,“欧洲国家的政府应该宣布……金本位制的确立是其最终目标”,而且它们“应该在意图实现金本位制的计划上取得一致意见”。确立和维系金本位制的过程显然受到了坎利夫报告、英格兰银行及其行长蒙塔古·诺曼的影响。

国家不再诉诸“创设信用货币或信贷”以“满足其年度开支”。国家反而以“适当的税收”以及“削减政府开支”的方式平衡预算。为此，国家也“减少内耗，以纠正国际收支逆差”。简而言之，通货紧缩政策使如下情况成为可能，即“将货币单位的黄金价值确定在”1914 年之前的平价或将其确定在“接近当时货币单位外汇价值的新平价”的基础上。每个国家努力确保“核准资产的充分储备”，包括黄金及外汇账户余额。由此，自由的国际货币汇兑机制得以维系。因而，从一开始新机制就是个“金汇兑本位制”，而非是纯粹的金本位制。事实上，外汇收支差额被视为“节约使用黄金的一种方式”。

新机制下中央银行日常业务也被勾勒出来了。货币市场得以维系，而且所有国家“基于平价所规定的分值买卖其他参与国的外汇，以此按需兑换本国货币”。此外，英国显然是那些“确立黄金的自由市场而成为黄金交易中心”的“某些”未详细说明的国家之一。

因此，该新机制类似于 1914 年之前的实践。[14]然而，作为维系该机制的方式，对中央银行“合作”的需要受到了高度重视。热那亚会议的决议需要以“国际货币公约”的方式实现这一合作观的某种正式制度化。

处于领导地位的中央银行（虽然没有被公开地如此称呼），英格兰银行将各国中央银行联合起来，因而形成了金融专家的认知共同体。金融专家能够向其政府建议而通过诸如此类的公约。[15]1930 年在瑞士巴塞尔设立的国际清算银行为中央银行这一共同体的进一步发展提供了一个制度性安排。[16]然而，国际清算银行完全被视为一个仅由半官方地位的“私人”中央银行所构成的超政府机构。

无论如何，对中央银行行长之间的协作和干预金融市场的需要表现出某种程度上偏离了金本位制下货币市场自我调节和自发性的正统观念。实际上，为维系金平价（gold parity）的货币干预是拟建机制的关键。中央银行以买卖货币和黄金的方式进行干预，使私人银行家和其他非政府金融和商业利益相关者有可能在没有政府约束的情况下经营。政府官员认为，“外汇操作的人为控制”是“徒劳的、有害的”，而且诸如此类的控制应“尽可能早地予以废除”。

对于资本流动，他们认为“欧洲重建取决于诸多条件的恢复情况。在这些条件下,私人信贷,尤其是可供投资的资本将会自由流动”。政府间贷款将降到最低限度,而且国家反而要依靠私人资本的贷款和信贷。借款并未受到鼓励,但是当需要时,“长期贷款比短期贷款更可取”。资本借贷国将实施稳健的政策(平衡的预算)以避免通货膨胀。

尽管美国没有参与热那亚会议,但是纽约联邦储备银行行长本杰明·斯特朗早在1919年就向诺曼坦言,自己对英国、法国和美国三国中央银行之间的货币稳定感兴趣。[17]至于热那亚会议的诸多商议,相比于英国所提议的金汇兑本位制,斯特朗更赞成纯粹的金本位制。[18]当然,只有美国拥有足以在纯粹金本位制下起作用的黄金,而且诸如此类的安排有利于美国超越英国而取得货币领导权。

斯特朗反对金汇兑本位制,然而留存边缘国家短期存款的中心国家的自主性将会下降。金汇兑本位制将会迫使中心国家提高贴现率或者提供其他激励以保持或增加边缘国家的外汇储备,因此遏制黄金外流。中心国家必然会实施诸如此类的措施,而不考虑自己国内的经济需要。[19]

从美国来看,如果纯粹的金本位制成为国际货币新机制的基础,那么调节会或多或少地自发产生,会对“自然”市场行情作出反应。这一机制不会使边缘国家处于有利地位。因此,边缘国家若利用持有英镑、美元或其他中心国家货币的金融杠杆,那么它们无力向中心国家施压。因此,美国对利益的考量与有关黄金的经济学说之间并没有实际冲突。金本位制的学说与美国利益观——在货币事务中保持自主性——彼此相关。

归根到底,英国胜出,在很大程度上是因为美国没有参加热那亚会议以及其他在政治上被视为欧洲事务的聚会。鉴于当时美国盛行的孤立主义观点,货币领导权交由乐于承担此角色的英国。不幸的是,如金德尔伯格等学者所观察到的,英国事实上无力落实其所承担的领导责任。[20]

管理战后向英镑-黄金机制的转变

面对国会的反对,战后伍德罗·威尔逊(Woodrow Wilson)总统未能使美国迈向国际主义之路。他认为国际主义符合美国国家利益。威尔逊的反对者——受民族主义情绪、十足的孤立主义者的影响——认为介入欧洲事务的成本超过由此获得的任何收益。他们并不认为与欧洲国家广泛的货币协作或其他协作形式符合美国国家利益。美国在其加勒比和太平洋的领土外并没有外海军事部署，也没有在国际货币事务中起领导作用的国家安全需要，更不用说提升美元与当时美国资本丰盈的地位相称角色的需要。

虽然美国政府的政策并没有过多地介入欧洲国家的货币或其他协作性安排，但是美国的私人利益者——主要是银行界的人员——寻求使纽约成为世界上主要的货币中心。他们发放大量以美元计价的承兑信贷，以此与英镑竞争作为贸易融资工具的地位。[21] J.P.摩根（J.P.Morgan）等美国私人银行家在国际银行界占据突出的地位。然而在本杰明·斯特朗的领导下，半官方的纽约联邦储备银行受到约束，因为美国白宫、财政部和国务院在国际货币事务中扮演着太过于活跃的角色。

英国寻求重新确立伦敦世界货币中心的地位，支持重建 1914 年之前的金汇兑制。该机制在很大程度上由英格兰银行、伦敦"城"——金融区的利益相关者管理。虽然热那亚会议决议所呼吁的必要的货币稳定需要数年时间，但是在整个时期英国的领导地位是显而易见的。

美国顺从英国在货币事务中的领导地位，同时也承诺协作。中央银行界尤其如此。如表 3.1 所示，1919 年至 1925 年期间，仅有两年份中纽约的银行利率高于英格兰银行的利率。甚至在这些年份中，纽约的银行利率也仅仅稍高一点。这并非偶然，而是有意为之。其作用在于使英国在吸纳国外存款时相对更有吸引力，因而使英国有能力增加外汇，从而增加其黄金储备。对美国而言，美国贮藏黄金，而且使其官方储备的外汇部分降到最低限度。

作为金本位制中仅有的主要货币，美元成为规定英镑及其他货币币值的基准货币。因而纽约所实施的货币政策直接影响着外币在市场上的相对地位。鉴于英国在欧洲货币领导者的关键地位，英美协作对于维系国际货币机制是必不可少的。

表 3.1　1919 年至 1925 年中央银行的贴现率（百分比）

年　份	英　国	美　国
1919	6.00	4.38
1920	7.00	5.88
1921	5.75	5.75
1922	3.75	4.25
1923	4.00	4.25
1924	4.00	3.75
1925	4.50	3.25

注：以特定年份最高与最低之间的中间值表示贴现率。

资料来源：英国的数据，详见 B.R.Mitchell, *Abstract of British Historical Statistics*(Cambridge: Cambridge University Press, 1962), pp.456—460；美国的数据，详见 U.S.Department of Commerce, Bureau of the Census, *Historical Statistics of United States: Colonial Times to 1970*, Bicentennial Edition, 2 Vols. (Washington, D.C.:1975), p.1001。

虽然英国、法国相比于美国及其他战时中立国弱些，但是英法两国凌驾于战败的同盟国之上。鉴于这一相对的权力地位，英法两国有能力迫使德国支付赔款，以补偿战争期间蒙受的损失。如此一来，英法两国将复苏的成本转移给战败国。直到 1922 年收益的预支额使法国维系着法郎"比较高的外汇价值"[22]。"在收到款项的希望破灭"之前，至少暂时如此。

美国并非要求德国赔款的一方，但是美国的确坚持要求德国的盟国偿还战争债务。当然，这一要求视英、法两国得到的战争赔款而定。美国的战时盟国原本并没有偿还其债务。因而，美国向英、法两国施压，要求其偿还战争债务。这显然会催逼德国。美国否认战争债务与赔款要求之间的联系，但是显而易见的是，偿还美国债务的成本并非仅仅由协约国承担，而在很大程度上由德国承担。

美国最终的确同意重新调整其战时盟国所欠的债务。[23]但是"美国在《债务融资协议》中对一些债务国的减免甚至还不足以抵消"由美元相对其他货币的"升值而增加的债务负担"。[24]偿还战争债务的压力仍是英、法考量德国赔款的一个因素。

第一次世界大战结束至 20 世纪 20 年代中期，浮动汇率制从未被确定为一个永久机制。这一时期仅是黄金平价得以恢复之前的过渡期。英国的目标始终是恢复1914年之前的金汇兑本位制，而且使英镑成为该机制的核心。平价的目的当然是试图实现经济稳定与金融实力，因而需要恢复到这一以黄金为基础的机制。在巴黎和会上，这一主题的讨论最终形成了于1919年6月28日签署的《凡尔赛条约》。1919年至1921年期间的多次赔款谈判构成了该协议的关键内容。

1920年初，在巴黎开会的赔款委员会以及由德国和协约国部长参加的在7月16日召开的斯帕会议（the Spa Conference）就索赔国之间的"德国赔款比例"这一问题达成了共识。[25] 1921年5月在伦敦的诸次会议上，德国最终同意在若干年内赔付330亿美元，由协约国分领。

因此，德国为协约国的经济复苏承担沉重的负担。这一巨大的经济负担有助于获胜的欧洲协约国理解何为其短期的安全利益。协约国不仅因德国解除武装而振作，而且因为赔款致使德国经济下行也倍感心安——赔款有效地削弱了德国再次以军事挑战其他欧洲国家所需的经济能力（和本国货币）。

在约翰·梅纳德·凯恩斯所著的《和平的经济后果》（*Economic Consequence of the Peace*）一书中，他颇具说服力地指出这一方式显然是站不住脚的。在该书中，凯恩斯认为，转移给德国的负担远远超出了德国的经济能力。凯恩斯的经典评论是："视而不见的是那些将会使德国更为贫困或者妨碍其未来发展的东西。"[26]时间证明凯恩斯的反对是正确的。

对德国逼取如此多的决策削弱了其经济发展，而且破坏了德国政治民主化的努力。希特勒的崛起及其后转向国家社会主义的右翼势力终结了魏玛共和国。从赔款和战争贷款获得的短期收益事实上有悖于美国、英国、法国、比利时更为长期的安全利益——更不用说其他欧洲国家在第二次世界大战中也因德国侵略而受害。

甚至从短期来看，大量资本从德国流至获胜的协约国是不切实际的。实际上，1924年和1930年分别生效的道威斯计划（the Dawes Plans）、杨格计划（the Young Plans）相继改变了协约国受益于德国赔款的方式。1923年德国马克暴跌后其在1924年的稳定就是个佐证。为了直接汲取资源，当德国不偿还赔款时，法国和比利时转而占领鲁尔区。美国坚持认为，赔款问题与美国所要求的偿还战争债务无关。[27]因此，美国政府和美联储都没有直接介入维系德国马克稳定的努力之中。

不过,美国对这一努力的金融支持是需要的,而且美国私人银行利益相关者填补了因美国官方缺位而导致的空白。两位分别来自美国和英国的银行家查尔斯·道威斯(Charles G. Dawes)、雷金纳德·麦肯纳(Reginald McKenna)各自领导着一个“专家”委员会。两者并非都来自政府或中央银行。[28]基于这些委员会的工作,1921 年 6 月 16 日至 8 月 16 日,英国在伦敦召集了持续数月、由欧洲各国政府参与的后续会议。

因其在国际联盟金融委员会的地位,英国已成为影响奥地利和匈牙利货币稳定的重要行为体。相似的是,英国在达成道威斯计划的商议中起到领导作用。有别于第二次世界大战后的马歇尔计划(the Marshall Plan),道威斯计划背后的原理在于资本输入是个“刺激因素”,反过来“将会促进德国经济复苏”,从而使德国有可能偿还所有债务。[29]

强加于德国的赔款负担是 1923 年德国经济崩溃的主要原因。维系英镑和法郎的活力,与此同时恢复德国的金融能力对于维系战后国际货币机制是必不可少的。道威斯计划中的协作——诸多货币的“一篮子”(美元、英镑、里拉、克朗以及瑞士法郎)意在提供德国所需的流动性——也为新修复的、最终于 1925 年开始实施的黄金-英镑兑换机制奠定了基础。

该项贷款的认购总额以各种货币计为 1.911 亿美元。美国供款 9 560 万美元,占全部贷款的 50%。尽管英国的供款不足美国供款的一半,但是由英国和其他国家认购的按英镑计约为 8 370 万美元,占全部贷款的 43.8%。比利时、丹麦、法国、瑞士和德国的银行与英国银行一道,主要以英镑认购。事实上,如同诺曼与斯特朗交流时所评论的,英镑仍是“欧洲的外汇”[30]。表 3.2 列出了道威斯计划中贷款的认购数据。为期 25 年的债券于 1924 年 10 月 14 日至 15 日在纽约、伦敦及其他市场上发行。市场反应很好,而且很快超额认购的情况出现了。[31]

先前的观点是,德国能够承受如此沉重的赔款负担。当德国显然无力偿还这些债务时——假如其他国家提供德国本身并没有的流动性——上述看法有所改变了。如上所述,英、法两国向美国偿还其战争债务,因此它们要求德国支付赔款。战时的协约国以道威斯计划为救济措施,而非改变赔款条款,更不用说取消赔款了。

表 3.2 道威斯计划中贷款认购情况

认购货币	国家认购的金额(百万美元)	
美　元	美　国	95.6
英　镑	英　国	46.0
	比利时	5.8
	荷　兰	9.7
	法　国	11.5
	瑞　士	9.3
	德　国	1.4
里　拉	意大利	3.7
克　朗	瑞　典	5.8
瑞士法郎	瑞　士	2.3
		191.1

资料来源：Stephen V.O.Clarke, *Central Bank Cooperation*: *1924—1931* (New York: Federal Reserve Bank, 1967), p.70。道威斯计划的供款是以金马克表示的。当时其对美元的汇率为 4.198 金马克兑换 1 美元。

英、法两国对战后德国的态度大为不同,但是道威斯计划是英、法两国和其他八个国家国际货币协作的公开例证。当压榨德国的安排显然遇到麻烦(而且战后国际货币机制的活力也如此)时,当时的主要大国最终一起努力使德国更具经济活力,恰恰是为了促使德国偿还其战争赔款。最起码,这是个非常狭隘的合作性安全观。

鉴于在收回战争贷款方面的自身利益,美国参与了,但是英国再次承担领导角色。蒙塔古·诺曼和英格兰银行是道威斯计划磋商的关键因素。英国货币领导的另一目标是,使货币市场重返战前跟随英镑的倾向的程度。在欧洲大陆 1920 年至 1925 年期间,丹麦、荷兰、挪威、西班牙、瑞典和瑞士的汇率与英镑密切相关。

法国是英国仅有的欧洲竞争者,但是法国的影响在很大程度上限于与比利时、意大利的大陆关系,以及 1914 年前拉丁货币联盟的成员国。[32] 随着 1922 年之后法郎地位的下滑,甚至这一最小的货币影响也下降了。无论如何,当时法国的货币影响从未与英国无关。直到 1922 年,法郎的币值与英镑密切相关。[33]

在有关道威斯计划贷款的磋商之前,诺曼已经与德意志国家银行行长雅尔玛·沙赫特(Hjalmar Schacht)确立了密切的工作关系。1924 年 1 月初,诺曼同意,英格兰银行给予德意志国家银行一个两年或三年期的500 万英镑贷款,以补充德国市场所筹集的另外 500 万英镑。此外诺曼同意,上限 1 000 万英镑的德国汇票可以在英国市场上贴现。[34]

英国这种表面上慷慨的显著收益在于鼓励德国使用英镑作为国际货币。因此,德国的英镑存款留存在了伦敦。此外,沙赫特也赢得了英国对“反对法、比两国在莱茵兰地区设立独立中央银行这一方案”的支持。[35]当然,反对该计划也服务于英国削弱其竞争者法国地位的目的。加强英国经济及其货币地位也是维系当时真正全球性帝国的安全所必需的。

英镑重回金本位制

战后的关切涉及恢复英国商业地位及其为本国与其全球性帝国的地位提供安全的问题。由于这些关切,1925 年 4 月 29 日财政大臣温斯顿·丘吉尔(Winston Churchill)宣布了一个决定,即英国将以 1 英镑兑换 4.867 美元的战前平价重回金本位制。从客观标准及英国的角度看来,这一抉择的成本事实上远大于收益。出口和出口工业在与欧洲大陆国家的竞争中输掉了。此外,估值过高的英国货币对国内经济产生了紧缩影响——减少了实际收入并增加了失业。

英国决策者普遍意识到以 1 英镑兑换 4.867 美元的战前汇率重返金本位制的成本问题。约翰·梅纳德·凯恩斯碰到丘吉尔时告知其经济后果。[36]那么,为什么英国政府选择歧视英国出口而实施紧缩政策呢?

高估的英镑降低了大英帝国安全的支出。换言之,当英镑用以进口或其他海外购买时,英镑更加通用。以英镑兑换的当地货币会以更低的价格或总成本购买对英国海军及其他海外政府开支而言必不可少的商品和服务。

此外,从以英镑计价的投资获取收入的资本所有者及管理者也认为自己从高估的英镑中获益。虽然英国在总体上深受该政策之苦,但是这服务于某些特定利益。对其而言，这些与伦敦相关的资本利益者也是受益者，不仅受益于比以往更值钱的英镑存款和投资，而且因为回归战前平价的情况使伦敦有望恢复其在世界金融中心地位。

对那些将伦敦作为全球主要金融中心获益的大量银行而言，这一恢复显然被视为有利的。此外，英格兰银行和财政部意识到重建外国对英镑的信心所带来的收益——信心表明这些国家会持有并增加英镑存款。经济原则——当时有关世界货币兑换公认的理解——依照资本所有者的特殊利益而行事。资本所有者向政府施加政治压力。

流行的经济原则或既定政策的确影响着人们认知或理解“客观”条件或事实的方式。将黄金作为货币基础的神圣信仰以及对英镑恢复到战前平价的情况有助于英国重回世界领导地位，这一看法是当时的“常识”。上述两者是被广为接受的，而且因有用的战前经验的回想而得到了强化，因此受其不利影响的工人阶级或其他阶层在政治上几乎没有质疑。此外，到 1925 年，其他数个国家回到金本位制。它们已经稳定了或计划稳定其货币。这一事实给英国政治和经济领导者增加了新动力。[37] 毕竟，战前占主导地位的货币大国并不想在重回金本位制的过程中远远落后于其他国家，唯恐其作为领导者的合法性受到质疑。由此看来，帝国和国家安全的需要成为特别行动的理由。

从战前时期学到或内化的“教训”在于英镑应该与黄金挂钩。这一观点在第一次世界大战期间也颇为盛行。虽然事实上 1914 年的“危机造成了延期偿还、停止兑现、许多国家的法定或实际黄金出口禁运”[38]，但是黄金仍有作为货币价值标准的正式或法定地位。在战争期间，英国是唯一一个维系其货币与黄金正式可兑换性的交战国，但是英国的黄金出口也“受阻，在某种程度上是因为不可避免的战时交通困难或官方的压力”[39]。

最终在国际层面上恢复金本位制的观点在战时货币考量中是首要的。虽然在 1914 年之前，黄金国际流动的自由以及“票据和黄金的可兑换性”在战争期间终结了，但是“尽可能长久地维系 1914 年时外汇平价体系所界定的传统汇率体系”[40] 的努力是存在的。

然而对金融市场的官方干预是普遍存在的，而且一位经济史学家曾指出：“为了国防”，战时偏离“金融正统观念的情况为学派铺平了道路。

这些学派认为,为了人类进步和繁荣而偏离和平时期僵化的正统观念是无可非议的”[41]。然而,金本位学说仍然很有市场。在第一次世界大战期间,各国货币在法律上仍由黄金定价,而且事实上战后重回金本位制的努力是广泛存在的。

吸取的“教训”及对利益的理解

1914年之前所汲取和内化的“教训”加强了将黄金恢复为自由秩序中货币中心的承诺。诸如此类理解的内化——无论正确与否——影响着决策精英的未来抉择。19世纪末至第一次世界大战爆发前,即使中央银行行长和财政部官员频繁地共同干预以支持彼此的货币,这反而成为19世纪政府坚守金本位制或金汇兑本位制而对市场田园般自由放任的战后图景。

这种共同理解有效地排除了有悖于传统观点的深思熟虑的政策选择。因此,最终作出的选择很可能是次优的,或许仅仅服务于少数人的利益。由于与黄金的联系,固定汇率制被视为重建战前自由秩序所必不可少的。虽然以战前汇率重回金本位制需要承担已知的成本,但是英国官员专心致力于此。当时盛行的正统观点是不容置疑的。

这一恢复以往状况的努力——“模仿”创新——与更具创造性的“自主”创新形成了对比。[42]“自主”创新并不完全依赖于以过去经验为根据的知识。在第一次世界大战之后的数年中,理论突破或重要的新洞见并未出现在货币关系领域,更不用说新举措了。我们所熟知的仍是19世纪自由贸易与金本位制的学说。最终自由贸易与金本位制的学说占了上风。

上述理解促使丘吉尔决定使英镑重回第一次世界大战前平价的金本位制。唐纳德·温奇(Donald Winch)写道:“大量的傲慢与声望有赖于战前平价。当时包括决策者在内的大多数人都着迷于对其而言很现实的、唯一的平价。按照诸如此类的想法行事或许并不完全是非理性的。”[43]这正是问题的关键。盛行的理解——“决策者对现实的个人感知”[44]——是至关重要的。公认的经济原则以及既定政策影响着决策者的抉择。这些原则和政策说明了决策者对现实的理解。决策者正是以这种理解行事的，而且以此使其抉择具有合法性。

当然，一些人能够利用这些观点在政治进程中控制其他人。然而，决策者自身信奉特定原则的有效性。在此意义上，决策者利用诸如此类的观点，或许真正努力在政治进程中说服其他人。[45]因此如评论者所宣称的，丘吉尔及其他人提及金本位制的神圣或许不仅是愤世嫉俗地操控价值观以服务于伦敦金融区的特殊利益者，更为广泛一点说应该是资本所有者、管理者。虽然这些利益者的确被服务了，但是丘吉尔及其他内阁人员主要受到当时盛行的金本位制学说的影响。

估价过高促使政府为对外政策及国家安全政策的海外实施筹措资金。丘吉尔在谈及财政部和英格兰银行的顾问时注意到，他们的意见“比学术理论家独创性观点”更重要——大概意指凯恩斯。[46]对其而言，甚至凯恩斯也没有非难丘吉尔有意服务于特殊利益者，以应对其给政府带来的压力。他仅仅将这些决定归咎于丘吉尔的孤陋寡闻。

就在政府发布政策之后，凯恩斯猛烈抨击，询问丘吉尔为何“如此愚蠢地”行事。对此，凯恩斯自己认为，丘吉尔“并没有不犯错误的本能性判断；在某种程度上是因为没有这种本能性判断，他因传统金融的‘大声疾呼’而失聪了，尤其是因为他深受自己专家的误导”[47]。

因此，凯恩斯并没有非难“传统金融的意见”，或者有意误导政府的“专家”。在他看来，“他们误判了英镑重回战前的黄金平价所导致的币值失调的程度”，而且双方“误解且低估了因国内币值的普遍下降所带来的技术难度”[48]。在谈及英国议会委员会及其他提倡重回战前平价的金本位制的顾问时，凯恩斯认为丘吉尔的“诸位顾问仍沉浸在想象的学术世界中，如伦敦金融区的新闻编辑、坎利夫和货币委员会（Cunliffe and Currency Committees）的成员等。必要的调整‘自动’产生于英格兰银行‘稳妥’的政策”[49]。显然，凯恩斯所描述的理念体系是个意识形态方面的——一个关于什么被视为金本位制长处的信仰体系。事实上，凯恩斯将金本位制视为“那些身处顶端者所不可缺少的象征和神像”[50]。

金融精英——伦敦金融区的银行家以及政府的财政部官员——对货

币问题有共同的理念体系或者意识形态视角,这是可以理解的。[51]但是1925年资本管理者中的精英不仅只拥有作为意识形态的金本位学说,尽管他们存在于共同的"社会环境"中。事实上,对所谓的金本位制好处的信赖是普遍存在的。甚至那些不成比例地承担重回金本位制所带来的成本的工业工人显然也这么认为。工人阶层最初非常温和地反对该政策,而且仅在凯恩斯所预测的结果显而易见时才进行更有力的反对。

几乎无人质疑英国重回金本位制的愿望。人们认为,这不仅是最恰当的,而且是唯一可行的。当经济学说似乎是与国家与帝国的关切相一致时,经济学说会有效地将各种看法归纳为一个看法,将其他替代性方案的看法减少到一个方案。英镑最终与黄金脱钩后,1931年英国前劳工部长阐明了这一观点:"他们从未告诉我们可以这么做。"[52]

虽然经济原则盛行,但是1925年英国重回金本位制之后事务并未交由"自然"力量:"英国需要维系紧缩的货币政策以便促进调整,这迫使诺曼……忽视金本位制的传统。在金本位制下货币政策被认为与国际储备的流动有关。"[53]此外,并非仅是英国违背了金本位制的信条。在涉及"国内迫切问题"的事务方面,大多数中央银行行长"对与其公共利益观背道而驰的传统偏见都漠然处之"[54]。

另一方面,当中央"银行行长希望反对"其他国家中央银行"所实施的政策"时,金本位制的学说事实上仍相当有效。学说的援引是有讲究的:"在有关其他国家的问题时",中央银行行长"有时基于对金本位制游戏规则的虔诚而进行判断"[55]。学说的这一控制功能也被中央银行行长和其他官员用在国内政治舞台上。他们希望以此反对那些倾向实施"通货膨胀的"经济政策的官员。

虽然经济原则绝对没有约束决策者,但是这是个重要因素,影响着决策者的利益观或成本-收益的理性考量。正是如此,1925年英国重回金本位制。1931年金本位制最终解体了。当时所感知到的收益显然超过了所感知到的成本,即使回想起来英国在就业方面的实际成本及有所下降的出口收益似乎是特别难以负担的。英国重回金本位制后,1英镑兑换4.867美元。在1925年,伦敦重新成为世界金融中心,而且英国重新确立其大国形象。英国在经济和政治上的大国形象是有好处的,因此与英国重回金本位制有关的任何显而易见的代价是值得的。

从1914年之前所得出的推断与恪守有关金本位制所谓的优点的原则相一致(因此前者支持了后者)。这一恪守和各种政治压力支撑着坎利夫委员会、热那亚会议及其他会议的商议。由此,1925年丘吉尔决定英国要重回黄金的可兑换性,因此恢复了1914年之前的金汇兑本位制。当时金汇兑本位制被理解为是商业和安全所必需的。

事实上这一措施有损经济安全,致使英国甚至在大萧条之前陷入严重衰退之中。1929年由于股市崩溃,大萧条爆发了。虽然资本所有者无疑从海外投资中获益了,但是英国国内萧条对其并不利。估价过高的英镑致使皇家海军及其他帝国海外行动的成本变低,然而国内成本却很高昂——英国工人阶级尤其受到重创。对他们而言,大萧条已经来临了!

结　　语

两次世界大战期间的情况显然表明,货币、人们所制定的汇率规则、处理汇兑的金融机构以及用于兑换其他货币的市场都是社会建构而成的。如凯恩斯所指出的,当与“传统金融”有关的观点被不加辨别地运用到其他时候和条件时,它会产生巨大的负面影响。估价过高的货币,如英镑——按照战前标准规定其汇率,这主要源自象征性原因并受到了资本所有者、管理者的垂青——不仅会重创大萧条之前的英国工人阶级,而且沉重打击了那些在国内投资以及在繁荣的出口贸易中利害攸关的资本所有者。随着新观念取代旧观念,限定政策选择范围的概念和观念会发生变化。当英镑最终被允许下浮至其实际市场价值时,“他们从未告诉我们可以这么做”,一位工党议员如是说。“他们”意指资本管理者中的货币官员及其他专家。甚至工党习惯性地服从其建议!当时如同现在一样,经济安全和国家安全取决于对如下问题的批判性思考,即内嵌入诸理论的观念实际上是如何运用的。紧缩时期(如有意高估国家货币时)更加紧缩的财政政策或货币政策几乎不是一个用以改善国内不利经济环境的恰当处方。

注 释

1. 热那亚会议的代表来自英国、法国、意大利、德国、俄国及其他国家。在货币事务上,1920 年 9 月先在布鲁塞尔召开了国际金融会议,而且后来 1922 年 1 月在戛纳召开的会议也有所涉及。详见 J.Saxon Mills, *The Genoa Conference* (London: Hutchinson and Co., c.1923), p.9, p.11, p.370。可参照 William Adams Brown. Jr., *The International Gold Standard Reinterpreted* (New York: National Bureau of Economic Research and AMS Press, 1940, 1970), pp.341—346。

2. 详见 Stephen V.O.Clarke, *Central Bank Cooperation* (New York: Federal Reserve Bank, 1967), p.233。

3. 在热那亚会议召开前,英国的领导是显而易见的。事实上在会议开幕前的数周,英国在伦敦召开了协约国的"专家"会议,为在热那亚会议上所要探讨的议题提供了"一个长篇报告"。详见 Mills, *The Genoa Conference*, p.82。

4. Donald Winch, *Economics and Policy* (London: Hodder and Stoughton, 1969), p. 85; Susan Strange, *Sterling and British Policy* (Oxford: Oxford University Press, 1971), pp.50—53.可参照近期利雅卡特·艾哈迈德对诺曼在中央银行角色的评论, Liaquat Ahamed, *Lords of Finance* (New York: Penguin Press, 2009), ch.2.

5. 详见 Winch, *Economics and Policy*, p.70。可参照 *First Interim Report of the Committee on Currency*,转引自 *Documents and Reports Reports Relating to British Banking, 1832—1928*, ed. T.E.Gregory(Oxford University Press, 1929)。

6. 详见 Brown, *The International Gold Standard Reinterpreted*, p.166。

7. Ibid., p.168.

8. Mills, *The Genoa Conference*, p.14.

9. Ibid., pp.12—13.

10. Clarke, *Central Bank Cooperation*, p.34.

11. Ibid., p.33.

12. 下文对这些解决方案的引述可见于 Mills, *The Genoa Conference*, pp.360—368。

13. 可参照 Gustav Cassell, *The Downfall of the Gold Standard* (London: Frank Cass and Co., 1936, 1966), p.27。

14. 霍特里评论道:"在谈及所有国家必须避免通货膨胀性金融,稳定货币,而且这种稳定意味着与黄金关系的稳定时,这次会议仅仅重复了以往经常提及的观点。"详见 R.G.Hawtrey, *The Gold Standard in Theory and Politics*, 5th ed. (London: Longman's, Green and Co., 1927, 1947), p.97。可参照 Brown, *The International Gold Standard Reinterpreted*, p.387。

15. 苏珊·斯特兰奇评论道,英国所提议的这一"新式国际组织将会运转,进而维系稳定的国际体系，而且也会约束参与国行动的自由”。因此，“美国抵制，因而[这些]热那亚提议胎死腹中了”。详见 Strange，*Sterling and British Policy*，p.53。

16. 国际清算银行的“酝酿和诞生”，可参见 Gianni Toniolo and Piet Clement，*Central Bank Cooperation at the Bank for International Settlement*，*1930—1973*（Cambridge：Cambridge University Press，2005），ch.2。先前对这一问题的探讨，可参照 Roger Auboin，*The Bank for International Settlements*，*1930—1955*，Princeton Studies in International Finance no.22（Princeton：Princeton University Department of Economics，1955）。英国的角色（即诺曼的角色），详见 Strange，*Sterling and British Policy*，p.50。

17. Clarke，*Central Bank Cooperation*，p.40.

18. Ibid.，p.38.

19. Ibid.，pp.38—39.

20. 他声明：“英国无力承担欧洲的最后贷款人而且美国不愿意……承担这一任务，因而这造成了两次世界大战期间的中断。”详见 Charles P.Kindleberger，*The Formation of Financial Centers*，Princeton Studies in International Finance no.36（Princeton：Princeton University Department of Economics，1974），p.61。

21. 详见 Paul Einzig，*World Finance*，*1914—1935*（New York：Macmillan，1935），p.152。

22. Ibid.，p.84.

23. Clarke，*Central Bank Cooperation*，p.222.

24. Einzig，*World Finance*，p.96.

25. Clarke，*Central Bank Cooperation*，p.222.

26. John Maynard Keynes，*The Economic Consequences of the Peace*（New York：Harcourt，Brace and Howe，1920），pp.111—112.

27. 详见 Clarke，*Central Bank Cooperation*，p.45。

28. 然而，中央银行的利益者获得了一些代表权，尤其是欧文·D.扬（Owen D.Young）、西尔·罗伯特·金德尔斯里（Sir Robert Kindersly）。他们分别在纽约联邦储备银行和英格兰银行的董事会履职。详见 Ibid.，p.46。

29. Ibid.，p.49.

30. Ibid.，p.62.

31. Ibid.，p.69.

32. Einzig，*World Finance*，p.87.

33. Ibid.，p.84.

34. Clarke，*Central Bank Cooperation*，p.58.

35. Ibid.

36. Winch，*Economics and Policy*，p.83.

37. 1924 年 3 月瑞士重回金本位制，而且 1924 年夏匈牙利也稳定了。诸多拉丁美洲国家的货币依照美元也稳定了，而且 1924 年波兰也努力如此做。荷兰、瑞士、澳大利亚、南非及其他很多国家都计划尽可能快地重回金本位制。在此背景下,美国中央银行行长本杰明·斯特朗致信英国同仁蒙塔古·诺曼:"我脑海里最重要的问题是,当前英镑在这一进程中是否不甘落后。"详见 Clarke, *Central Bank Cooperation*, p.80。可参照 Brown, *The International Gold Standard Reinterpreted*, p.323。

38. Brown, *The International Gold Standard Reinterpreted*, pp.27—29.

39. Hawtrey, *The Gold Standard in Theory and Practice*; Brown, *The International Gold Standard Reinterpreted*, p.95.

40. Brown, *The International Gold Standard Reinterpreted*, pp.37, 39.

41. Einzig, *World Finance*, p.48.

42. 详见 Karl W.Deutsh, *The Nerves of Government*(New York: Free Press, 1963, 1966), pp.167—171。

43. Winch, *Economics and Policy*, p.86.

44. 详见 Edward I.Friedland, "Introduction to the Concept of Rationality in Political Science"(Morristown, NJ: General Learning Press, 1974), p.8。

45. 曼海姆认为:"由于故意欺骗的诸多情况,知识社会学并不如此关注曲解的问题。正如由于社会环境的差异,客体以各种方式将自己呈现在主体面前一样。"详见 Karl Mannheim, *Ideology and Utopia*(New York: Harcourt, Brace, and World, 1929, 1936), p.265。

46. House of Commons Debates, May 4, 1925, c.670,转引自 Winch, *Economics and Policy*, p.84。

47. John Maynard Keynes, "The Economic Consequences of Mr.Churchill"(1925), in Keynes, *Essays in Persuasion*(New York: Harcourt, Brace, and Co., 1932), pp.248—249.

48. Ibid., pp.248—250.

49. Ibid., pp.250—251.

50. Ibid., p.262.

51. 爱德华·弗里德兰(Edward Friedland)注意到:"价值观和现实感……在所有决策情况中是社会环境的功能。"详见 Friedland, "Introduction to the Concept of Rationality in Political Science," p.10。对卡尔·曼海姆而言,他认为:"'意识形态'这一词语意味着一种洞见,即在某种情况下一些群体的集体无意识掩盖了社会的真实情况。"详见 Mannheim, *Ideology and Utopia*, p.265。

52. 劳工部长的评论引自 D.F.Moggridge, *The Return to Gold, 1925: The Formulation of Policy and Its Critics*(Cambridge: Cambridge University Press, 1969), p.9。可参照 Charles P.Kindleberger, *The World in Depression*(Berkeley: University of California Press, 1973), p.47。

53. Clarke, *Central Bank Cooperation*, p.105.

54. Ibid., p.107.

55. Ibid.

第二部分

美国迈向中心：美元首要地位与美国国家安全

第四章
货币与合作性安全、两次世界大战期间与第二次世界大战

两次世界大战之间的不幸破坏了以往对自行运转的市场力量的信心。

——理查德·N.加德纳(Richard N.Gardner)

显然,他们[美国人]掌握了所有的财富,但是我们[英国人]拥有所有的智慧。

——哈利法克斯勋爵(Lord Halifax)对约翰·梅纳德·凯恩斯低语

由于1929年股票市场崩盘及其后的大萧条,对股票回归常态——以战前汇率所确定的金汇兑本位制带来稳定——的厚望破灭了。英国当局试图但并未坚守住其战前的1英镑兑换4.867美元的汇率,1931年最终允许英镑在兑美元与其他货币时下浮。美国则坚持到1934年。当时新任总统富兰克林·罗斯福(Franklin Roosevelt)将金价从每盎司20.67美元调整至35美元——美元贬值40%多。

1930年,在胡佛(Hoover)政府执政时期所通过的《斯穆特-霍利关税法案》(the Smoot-Hawley Tariff Act)旨在对进口产品征收相当高的税以保护美国制造业。大幅提高关税,而且为了获得竞争性贸易优势而贬值其货币的做法成为新趋势。各国基于这一对自身利益的狭隘理解而转向国内,因此当时出现为了单方面的贸易优势而前所未有地提高关税和竞争性

贬值的情况。评论者称之为"以邻为壑"的政策。当官方所采取的措施对其他国家产生不利影响——负外部性——时,很难找到明智的私利观。

鉴于其经济规模和庞大的黄金储备,在 20 世纪 30 年代这一动荡时期,美国拥有货币领导的能力,但是在很大程度上它并不会承担这一角色。查尔斯·金德尔伯格认为,美国决策者不愿领导以实现高层次的货币协作,然而英国无力领导。[1] 由此形成的全球浮动汇率制以及"以邻为壑"的贸易政策反映了国际货币领导的缺失。

在国家货币利益和经济利益方面,诸如此类的零和、狭隘建构大幅减少了国际贸易额,也对安全带来了负面影响。领导的缺失以及 20 世纪 30 年代国家间相对能力的变化在某种程度上促成了 20 世纪 30 年代后 5 年中竞争性货币集团的建立。随着 1939 年战争的爆发,货币集团更加固化了。

1936 年 9 月,英国、美国和法国所达成的《三方协定》(the Tripartite Agreement)是第一次世界大战期间三个盟国在货币事务中重新协作的关键一步。虽然相比于 1944 年《布雷顿森林协定》(the Bretton Woods Agreement),当时协作所达到的程度远不如前者,但是三国的财政部至少"准备为其他两方提供支持,而且当其他两方寻求兑换黄金时,允许其在 24 小时内持有"[2]。

德国并没有加入该协定,与政治上日益分化成竞争性集团的情况相一致。1931 年延期付款实施后,德国不再负有支付赔款的重担,而且两年后,当希特勒掌权时,德国当局以非凡的措施恢复经济增长,再次谋求自己在中欧地区的主导地位。竞争性货币集团再次反映出如第一次世界大战时竞争性联盟的政治现实。[3] 轴心国没收了其所侵略国家的货币资产,[4] 建立了自己的货币集团,如同 1936 年同盟国所缔结的《三方协定》那样。

如同第一次世界大战一样,大多数货币交易发生在两个不同的集团内部。不过,参战方仍以对方货币交易,经由两大集团之间的中介机构。如同第一次世界大战那样,对立的集团也经由非交战国的银行而相互关联,而且如下所述,交战国的中央银行仍然参与位于巴塞尔的国际清算银行或者与其合作。瑞士又成为敌对国之间货币兑换的中心。

1941 年 3 月,美国援助英国的《租借法案》生效了,巩固了同盟国货币集团中英美两国的协作。[5] 虽然美国与英国、法国及其盟国休戚相关,但是美国仍与德国、日本及其他轴心国进行交易。直到美国 1941 年 12 月参战，这种交易才正式终止了。

管理三方和第二次世界大战期间的机制：1936 年至 1945 年

法国政府转而放弃了金本位制，并且决定与英美两国一起加入了 1936 年的《三方协定》。法国所领导的金本位集团陷入混乱。英、美、法三国对新机制所作出的承诺是，彼此将会购买对方的货币，而且至少在 24 小时内持有，此后再兑换黄金。这一公认的脆弱基础也为美国、英国、法国及相关国家重建协作精神奠定了一定的基础。这是那些不久又反对德国在中欧的势力范围的国家在货币方面的合作性安全。

如表 4.1 所示的贴现率数据，在最初的英美合作模式中，美国银行的贴现率稍低于英国银行的贴现率。对法国而言，它允许其利率高于英国以阻止法郎的长期贬值。这也是 1936 年法国最终脱离金汇兑本位制后所长期面临的问题。德国人并未参加《三方协定》，仍保持其贴现率不变，即使在严格的外汇管制和其他限制措施实施之后。

表 4.1　1936 年至 1939 年中央银行的贴现率

	美　国	英　国	法　国	德　国
1936 年	1.5	2.0	2.0	4.0
1937 年	1.0	2.0	3.0	4.0
1938 年	1.0	2.0	2.5	4.0
1939 年	1.0	2.0	2.0	4.0

资料来源：根据多份《美联储公告》整理而成。

随着 1939 年战争的爆发，外汇管制很快落实到位了。鉴于这些对资本流动的限制措施，贴现率如何确定的问题不再具有同样重要的意义，尽管贴现率是维系汇率机制的一个合作性手段。[6]因此在战争期间，美、英两国的中央银行分别以 1%和 2%确定了其银行利率。[7]

在以英、法、美三国为核心的机制中,将外汇作为货币储备手段的倾向略大了,但是相比于 20 世纪 20 年代,这一增大的幅度仍旧较小。到 1937 年底,相比于 1933 年底的 5.5%,仅 8.6%的货币储备是外汇。但是这仅大概是 1928 年底 24.3%的三分之一。[8]

1934 年美元正式贬值了,而且 1936 年法国脱离了金本位制。在此期间,法国的黄金储备逐渐缩减,然而美国的黄金储备则在上涨。[9]流入美国的黄金中大概有一半来自法国。[10]这进一步侵蚀了法国维系金汇兑本位制的努力。

然而在 1936 年,这一趋势逆转了,法国允许法郎相对于英镑和美元贬值,无惧报复的威胁。由此 1937 年法国有能力增加其黄金供应。1938 年 5 月,法郎最终与英镑挂钩,随后与美元挂钩。英、法、美三国的中央银行干预金融市场,积极协作以维系稳定的汇率。然而随着 1938 年、1939 年战争的临近,这一三方机制日趋面临着压力,因为私人资本从欧洲流向美国,从而吸引黄金到相对而言更为安全的避风港。[11]

直到 1938 年中,英镑-美元的汇率仍维持在 1 英镑大概兑 5 美元的水平上。然而到了 1939 年 8 月,英镑贬值了,即 1 英镑大概兑换 4.6 美元。[12]即使如此,据估计 1939 年 3 月至 9 月,由于资本外流,英国的黄金储备几乎减少了 7 亿美元。[13]1940 年法国沦陷后,英镑汇率跌至 1 英镑兑换 3.27 美元的水平,直到战争后期才最终稳定在 1 英镑兑换 4.035 美元的汇率上。[14]

战争之初,美国与英国货币协作的程度是极其有限的。在 1939 年 8 月至 1940 年 12 月期间,英国的黄金储备从大概 20 亿美元跌至 4 亿多美元。然而当美国参战的承诺愈发清晰时,一个新的战时机制形成了。表 4.2 表明了《租借法案》对英国储备状况的积极影响。

如同第一次世界大战一样,英国在第二次世界大战中极其依赖大英帝国的货币支持。在战争期间,英镑存款增长了约三倍,从 1941 年的 51.33 亿美元增长到 4 年后的 148.11 亿美元。[15]特别是印度又对此承受了最沉重的负担。到 1945 年,印度大概持有所有英镑存款的 36%,然而 1942 年这一比例大约为 23%。[16]表 4.3 描述了英镑区整体上所承担的不断增大的相对负担。

表 4.2　1939 年至 1945 年英国的储备(百万美元)

年　份	月　份	储备状况
1939 年	9 月	2.094
1940 年	3 月	1.981
	9 月	0.899
1941 年	3 月	0.282
《租借法案》实施		
1941 年	9 月	0.278
1942 年	3 月	0.658
	9 月	0.960
1943 年	3 月	1.194
	9 月	1.618
1944 年	3 月	2.034
	9 月	2.377
1945 年	3 月	2.433
	9 月	2.433

注:美元数值是按照 1 英镑兑换 4.03 美元的汇率得出的。上述数据主要用于黄金储备;然而,统计数字也包括一小部分外汇储备(加元和美元)。

资料来源:R. S. Sayers, *History of the Second World War: Financial Policy, 1939—1945*(London: HM Stationery Office and Longmans, Green, 1956), p.496。

表 4.3　1941 年至 1945 年英国的外债

截止年份	总债务(10 亿美元)	占英镑区比重(%)
1941 年	5.133	52
1942 年	6.625	60
1943 年	9.482	61
1944 年	12.166	63
1945 年	14.881	67

资料来源:R.S.Sayers, *History of the Second World War: Financial Policy, 1939—1945*(London: HM Stationery Office and Longmans, Green, 1956), p.497.当时汇率为 1 英镑兑换 4.03 美元。

简而言之,英国为了安全极其依赖两种货币协作——其一,经由《租借法案》与美国合作;其二,大英帝国内部及其他国家的合作,如果这些国家愿意接受将英镑存款留存在伦敦的方式支付战时采购的做法。通过这些手段,英国可以分摊出一些战争的沉重代价。

当然,为了自己国家的安全,美国与英国在战争方面的共同努力中协作。除了共同的国家安全利益以外,向英国出售军事物资的国家当然从诸如此类的交易获得国内经济收益。鉴于其所得的收益,接受英镑的付款方式并将这些存款留存在伦敦是个“成本”,那么这无疑是值得的。

《租借法案》也有助于为苏联采购军事物资提供资金,但是这一在苏联以外的安排的货币影响是微不足道的。实际上 20 世纪 20 年代至 30 年代,斯大林所领导的苏联尽量减少全球经济中的兑换。因此,卢布决不是个重要的国际货币。

交战双方也以“法定”军用票作为将成本强加给占领区民众的一种手段:“占领当局通常在占领期间试图强迫被占领国肩负认可与交易军用票的责任,以此使被占领国至少承担一部分以军用票的支出所示的占领成本。”[17]

同盟国在北非和欧洲地区、日本在中国和其他亚洲地区、德国在欧洲占领区内都依此行事。

除了给军队发军饷并补偿征用财产的所有者之外,军用票也是控制被占领地区经济的一个重要手段。这些军用票被宣布是可与当地货币并用的法定货币;军用票得以流通,而且也不受歧视。它们极大地影响着被占领领土的经济。因此,军用票逐渐被视为占领政策的一个方面,而非暂时的军事权宜之计。[18]

并不奇怪的是,德国从占领区掠夺了非常多的资源——据估计(1939 年至 1944 年 9 月)大约为 840 亿马克。仅从法国掠夺的资源就占总数的 42%![19] 美国和英国也发放美元贷款及英镑贷款,或者公开市场采购以支持许多当地货币。[20] 因此,同盟国集团内的合作达到了较高层次,然而德国和日本将“协作性”安排强加给各自势力范围内的国家或地区。然而如同第一次世界大战一样,竞争性集团之间全球范围的协作仍然很低。敌对的交战国之间的确有交易,在很大程度上经由瑞士等非交战国或中立国的银行,而且瑞士也是国际清算银行的所在地。巴塞尔一直是双方货币当局会面的地方。作为资本管理者,这些中央银行行长为国际清算银行开创了作为中立会所的重要角色。

货币区和战时货币集团的形成

战争之前，除了货币官员之间在“基金间业务和信息交流”[21]方面的日常协作之外，三方机制形成之后重大的国际会议并未召开。鉴于在第二次世界大战期间同盟国与轴心国霸权的竞争，国际会议分别在各自的集团内召开。然而随着战争即将结束，情况有所变化。1944 年在新罕布什尔州布雷顿森林召开的会议为战后国际货币新机制奠定了基石。

以德国为中心的集团寻求“国内经济不受国际趋势的影响”，20 世纪 30 年代末独立于全球性的三方机制而运转。[22]这一努力与其说中断了其运转，不如说使德国远离了三方机制。德意志国家银行行长的确仍与同行一起参与国际清算银行，包括德国货币区以外国家的央行行长。当战争爆发时，德国在其势力范围内的国家中“有意高估德国马克以确保获得有利贸易条件的全部收益”[23]。被高估的德国马克显然服务于德国的安全利益，有助于官方承担海外军事开支和其他支出。

尽管随着三方机制的形成，法国所领导的金本位制集团瓦解了，但是英国所领导的英镑区仍然岿然未动。并不奇怪的是，英镑区的国家仍然支持英国以及英国作为主要成员的全球性三方机制。以此类推，在第二次世界大战期间，英国依赖英镑区和同盟国集团的支持。[24]如上所述，这种支持体现在以英镑支付军事物资并将英镑存款留存在伦敦。这些外部支持的动机显然是帮助英国为战时采购提供资金以支持英国国家安全利益和大英帝国安全利益。

敌国之间的商业：国际清算银行及其他第三方机构

国际清算银行成立于 1930 年，是个在瑞士法律下合为一体的非政府但半官方组织,在战争期间作为央行行长的银行而继续营业。虽然在孤立主义时期,美国避免成为国际清算银行的正式成员,但是美联储,特别是纽约联邦储备银行与国际清算银行有着重要联系。1940 年所发布的一个行政命令要求财政部特许国际清算银行在美国的所有交易。事实上,国际清算银行将其美国账户保留在纽约联邦储备银行,而且纽约联邦储备银行欣然承担起这一监管功能。在实践中,纽约联邦储备银行对自己所认为的国际清算银行的"正常"或"例行"交易采取更宽松的立场。对于国际清算银行不幸的是,1941 年 6 月美国财政部干预以废除这项特许,因此致使国际清算银行更难以运营。[25]

美国公民托马斯·麦基特里克(Thomas McKittrick)在美国侨民商界获得欧洲认同,在 1939 年至 1946 年期间担任国际清算银行总裁。在事业之初,麦基特里克任职于花旗银行(National City Bank of New York)。花旗银行将其派遣至位于热那亚的花旗银行意大利办公室。之后他在纽约和伦敦从事其他业务,但是显然在国际清算银行担任高管之前,他与罗斯福政府并没有任何政治联系。1942 年他前往美国,努力使政府官员相信国际清算银行的重要性,但是美国并不相信,然而他自己在国际清算银行的国际同行谋求美国相信。[26]

个性、对利益的个人理解以及非正式网络极其重要。最起码美国财政部长摩根索(Morgenthau)以及副部长哈里·德克斯特·怀特(Harry Dexter White)对国际清算银行、与敌对国开展货币业务并不感兴趣,即便仅仅经由第三方的中介。另一方面,罗斯福政府的其他官员充分意识到德国、英国及其他国家的中央银行行长都参与到与德国的战时交易中,有兴趣不中断国际清算银行的运行。虽然交易量不大,但是美国仍需要从国际清算银行或中立国瑞士的私人部门银行获得德国马克,以为情报及其他欧洲行动提供资金。此外,在德国占领法国首都时,美国和英国的银行在巴黎开门营业。[27]鉴于自己在国际清算银行的国际地位,麦基特里克显然相当遵从国际清算银行经济顾问、瑞典保守派佩尔·雅各布森(Per Jacobsson)。他与美国战略情报局(the U.S. Office of Strategic Services, OSS)的欧洲主管艾伦·杜勒斯(Allen Dulles)保持着联系。战时的美国战略情报局是美国中央情报局的先驱。[28]

德国甚至更需要与国际清算银行及其他瑞士银行业的联系。外币是必要的,以为“武器及产自罗马尼亚、葡萄牙、瑞典、西班牙和土耳其的石油、铁矿石、钨和锰等原材料的进口”提供资金。[29]德国国家银行副行长埃米尔·普尔(Emil Puhl)在国际清算银行代表德国的战时利益。德国中央银行向德国政府汇报,国际清算银行提供了“有价值的服务”,包括“大量、重要的黄金及外汇交易”[30]。

至少可以说,国际清算银行或瑞士银行的黄金交易是让人苦恼的。鉴于20世纪30年代末德国从犹太人和种族灭绝的其他受害者那里得到黄金,战争期间的种族灭绝并未停止。此外,德国夺得了其所占领国家的黄金资产:“在1939年至1945年期间,德国国家银行有8.602亿美元的黄金。其中,5.326亿美元的黄金被运往海外以结算由于购买商品和服务而产生的债务。”——有77%以上的用于这些目的的黄金被运往瑞士![31]尽管国际清算银行也参与了这种交易,但是大多数交易是经由瑞士的银行进行的。

即使这些战时金融行动的总体规模当时无从知晓,美国财政部长亨利·摩根索以及副部长哈里·德克斯特·怀特对国际清算银行很生气,倡议取消国际清算银行。毕竟,布雷顿森林机制——国际货币基金组织和国际复兴开发银行(IBRD,即后来的世界银行)——能够承担国际清算银行的功能。

另一方面,约翰·梅纳德·凯恩斯、英国政府、其他欧洲人,甚至一些美国私人部门的银行呼吁保留国际清算银行——该机构展示了自己在战时与和平时期中立地进行金融交易的能力。当然,对于中央银行行长而言,国际清算银行不仅在制度上、象征意义上是其认知共同体的核心,而且在功能上是必要的。国际清算银行每月的会议、定期沟通、研究成果的传播及其货币交易行为是值得重视的。

这些资本管理者之间的关系密切。英格兰银行的联系尤其牢固。英格兰银行行长蒙塔古·诺曼(1920—1944年)在建立国际清算银行的政治活动中起了作用,而且一开始就是位坚定的支持者。20世纪20年代,诺曼与其美国朋友、时任纽约联邦储备银行总裁的本杰明·斯特朗协作。在纳粹上台前,诺曼与其德国同行亚尔马·沙赫特(Hjalmar Schacht)(德国国家银行行长,1924—1930 年、1933—1939 年)也建立了深厚的友谊,对其亲德的情感起到推波助澜的作用。[32]

建立布雷顿森林机制——从两次世界大战期间汲取教训

当第二次世界大战接近尾声时,货币当局及其学术顾问回顾了两次世界大战期间的经验,以此考察在即将到来的战后时期如何继续前行。在他们看来,1931 年固定汇率的金汇兑制崩溃之后,浮动汇率制所带来的动荡时期最需要被避免。他们充分意识到,上述"以邻为壑"的政策——竞争性货币贬值、高关税及其他壁垒,意在以其他国家为代价促进出口——使 20 世纪 30 年代贸易额显著下降,而且失业率增加到史无前例的程度。直到 1936 年,美国、英国和法国的协作才使汇率有点稳定。如上所述,各货币集团依然如故,甚至在 1939 年战争爆发时变得更强了。

负责建设战后国际货币机制的那些人从两次世界大战期间的经验汲取了很多"教训"。对此,理查德·加德纳(Richard Gardner)指出:"难以高估过去的这些'教训'对美国战后规划特色的影响。"[33]其中一个"教训"是,汇率稳定比浮动汇率制更可取。浮动汇率制可能由个别国家操控而有损其他国家。所需要的是"一种确保货币稳定而且避免竞争性贬值的机制"以及外汇管制。[34]

另外,不稳定的汇率被视为"促成了大萧条",更不用说第二次世界大战了。[35]实际上,布雷顿森林会议之前的想法受到一个迫切愿望的影响,即在第二次世界大战结束后世界不应再次出现严重的失业,以免两次世界大战期间的历史重演。[36]1933 年伦敦召开的世界经济会议的协作性努力失败了,但是这不应重演。

如果有什么不同的话,1936 年《三方协定》(英国、法国和美国以此稳定其汇率)所实现的协作是建立战后任何国际货币新机制的标准或典范。简而言之,政府应该在设立管理战后货币和商业交易的规则方面扮演积极角色。如加德纳所述："两次世界大战期间的不幸破坏了以往对自行运转的市场力量的信心。"此外，负责设计战后经济秩序的美国官员也"并非自由放任的信奉者；他们与大多数罗斯福新政的设计者一样认为政府对经济生活的方向负有重要责任"[37]。

这显然偏离了纯粹自由放任的自由主义——主张政府干预市场经济事务——然而并非完全放弃经典自由主义的所有信条。事实上，美国成为恢复货币可兑换性而且减少贸易壁垒的主要拥护者。[38]就这一点而言，美国金融界极其反对战后货币集团依然存在。美国财政部官员"反感且不信国际货币场景会分化成货币区——英镑区是个异常的怪物——而且多种货币措施大量产生等等"[39]。

虽然美国对于英镑区的未来有分歧，但是英国政府和学术界那些信奉自由贸易和货币可兑换性的人士大力支持。[40]虽然扩大贸易和就业的需要得到广泛认可，但是相比于美国，战争期间经济遭受重创的英国和其他国家更倾向视自由贸易、相对固定汇率制下的货币可兑换性为经济复苏后才将实现的长期目标。

英国所谋求的国际货币机制允许国家纠正其对货币币值的高估，而且提供充足的流动性和信贷以顾及当时利率应对短期压力的情况。1925年至1931年的经验影响着英国人的想法。[41]英镑被高估，而且1931年流动性不足迫使英国允许英镑浮动，因而使其放弃了对金汇兑本位制代价颇高的承诺。英国当局(对此)也忧心忡忡，唯恐第二次世界大战后再次获胜的盟国重蹈两次世界大战期间的覆辙。

在他们看来，经济和安全之间的联系非常清晰——赔款和战争债务如何削弱了魏玛共和国，导致德国国内社会动荡，进而促使希特勒的国家社会主义崛起。与英国代表一样，美国代表关切战后规划更有见地的方法。由此，美国免除了大部分《租借法案》的债务，毫无疑问意在加强而非削弱战后诸多金融和商业安排。这些安排对欧洲及其他地区的安全和经济福祉如此重要。[42]

两次世界大战期间通货紧缩而非通货膨胀是英国的主要问题。受此启发，凯恩斯为战后国际货币机制提议了一项计划，强调由于流动性和信贷的大量供给"扩张主义而非收缩主义对世界贸易的压力"[43]。相比之下，美国战后计划的制定者哈里·德克斯特·怀特及其上司财政部长亨利·摩根索并不担心通货紧缩的危险，因为他们会确保汇率稳定。[44]

鉴于这些不同的优先事项，相比于凯恩斯计划，战后国际货币机制的怀特计划在为国际经济交易提供资金的流动性和信贷数量方面并不那么放任。从两次世界大战期间的经验所汲取的不同教训——美国担心汇率稳定，而英国担忧通货紧缩——促生了相当不同的战后国际货币机制计划，然而这些对战后安全是必要的。

布雷顿森林机制的形成

当时由于两次世界大战期间经验的影响，有关政府在经济事务中角色的古典自由主义前提被淡化了。美国新政替代了自由放任的自由主义承诺，赢得了工人等大众的支持。这些人士经历了大萧条时期的穷困。

有组织的劳工作为一种政治压力源在美国、英国和欧洲其他大陆国家更重要。肩负建立国际货币机制的决策者再也不能忽视劳工的诉求。以实施通货紧缩政策为方式的经济调整是金本位制学说的常见处方，但是不再受欢迎了，因为诸如此类的政策致使劳工失业增多。当时，美国和欧洲有组织的劳工有政治发言权。

当然，资本所有者的工业利益及其他商业和金融利益仍是重要的政治压力源。20 世纪 30 年代汇率是浮动的。在当时经济混乱之后，商业利益者更赞成有助于汇率相对稳定的国际货币机制。他们也支持私人资本不受阻碍地跨国流动，而且支持取消设立于 20 世纪 30 年代，并在第二次世界大战期间得以维系的外汇管制。稳定的汇率以及资本跨国自由流动不仅促进国际商业的发展，而且使政府有能力承担对外政策和国家安全政策方面的开支，因此上述两者被视为必不可少的条件。

布雷顿森林会议的成果不仅谋求使政府适应安全及其他目的的国际开支的需要，而且使政府服务于国内商业利益和劳工利益。国际货币新机制下的汇率是相对稳定的，而且所提供的额外流动性使立即诉诸紧缩性调整政策的任何做法并无必要。直到 1958 年,大多数国家才遵循布雷顿森林体系中的相对固定汇率制,即在这些国家有充足的时间恢复经济之时。虽然这一目标的进程是渐进的,但是各方确立了没有外汇管制的自由机制,因此实现了布雷顿森林会议所规定的目标。

这是个动荡的时代。新观念至关重要。相比战前和大萧条时期,20 世纪 40 年代新观念更受欢迎。当时的社会向约翰·梅纳德·凯恩斯和反对经济自由放任的其他人士敞开了大门。他们创立了新理论,强调政府在国内及国际市场方面行动的必要性。[45]

提及达尔文的观点时,凯恩斯注意到在资本主义发展中自己所称的"自然进化"。在凯恩斯看来,"以集体行动的能动性改进现代资本主义的方法"[46]是必要的。这是对国际货币事务中合作性安全措施有好处的最初论述。

资本主义进化趋势的观念与其说是理论,不如说是比喻,尽管这种观念深刻影响着已有学说的地位。此外,影响不仅局限于国内政策领域,而且扩展到国际领域。至少最低限度的国际政策协调在日益复杂的世界是必要的。由于此共识,像凯恩斯一样的政策导向性学者提议建立国际货币机制以促进商业和其他领域的关系。这些机制建议主要包括新的组织结构。这些组织结构拥有不同程度的权威,以使其有能力实施所分配到的任务。

凯恩斯意识到"国家间普遍认可国际货币工具"的"需要",而且他认为这一国际货币工具的数量应该由"当下世界商业的实际需要来决定"[47]。他特别提倡建立"一个以国际银行-货币为基础的国际清算联盟。这一国际银行-货币可称之为……班柯(bancor),以黄金来固定(但并非不可改变)或等同于黄金"[48]。

在这一机制下,"所有成员国(以及非成员国)的中央银行可以在国际清算联盟开设账户。它们以此有权根据班柯所界定的面值彼此解决收支平衡问题"[49]。凯恩斯也承认,"措施是必要的……以防止信贷与借款余额无限积累"。因此,对国家信贷透支的限额由"每个国家贸易额的动态均值"来决定。[50]

简而言之,凯恩斯建议建立具有货币功能的世界中央银行(world

central bank)。它类似国内中央银行。世界中央银行的领导和职员应该有权力与任何严重透支的国家讨论一些措施。这些措施用以"恢复国际收支平衡"。然而每一个国家"将最终决策权留在自己手中",以此确定采取什么行动。[51]此外,这一约束不赋予国际清算联盟以超国家权威的做法与凯恩斯自身改革派(而非革命派)的信念相一致。

虽然拟建的国际清算联盟显然是按照英国自身流动性的需要而设计的,但是它也反映了凯恩斯在必要时致力于建立组织结构,去扮演预期的经济角色。这显然偏离了自由放任政策,但是同时没有激进地改变资本主义的结构和进程。相反,如上所述,凯恩斯更将自己视为寻求改善资本主义功能的改革主义者,而非致力于推翻资本主义的革命主义者。

凯恩斯的建议也反映了从两次世界大战期间的经验所汲取的"教训"。在1925年至1931年期间,当时英国重回金本位制,高估了英镑,由此导致的国内紧缩表明了出口产业和劳工所面临的直接成本——甚至在大萧条开始之前劳工的失业率居高不下。如上所强调的,在1925年至1931年期间,汇率的稳定听凭于浮动汇率机制,然而货币以往以高价汇兑。浮动汇率机制与对贸易的限制、竞争性货币贬值、外汇管制及其他非自由主义的"以邻为壑"政策相伴而行。

专家脑海中理解的变化至关重要。当时凯恩斯的方法则结合了从这些经验中所汲取的教训。如同1925年至1931年那样,汇率将是稳定的,但是充足的流动性将是经由多边所提供的。在1925年至1931年期间,英国以高估本国货币的方式肩负维系国际机制的重担,但是第二次世界大战后没有一个国家这样做。国内福祉和国际安全取决于更为公平、多边的国际货币兑换框架。

美国的政治压力来自孤立主义者、资本管理者中保守的银行利益者两个方面。孤立主义者担心美国将其货币交由国际组织管理。资本管理者认为,拟建的布雷顿森林机制在货币问题上过于慷慨,而且对债务国并不足够严厉。[52]虽然面临这些政治压力,但是美国在新的国际货币机制建设中承担领导责任。

美国说服英国加入这一新机制,但这违反了英国国内左、右翼非自由主义者的意愿。[53]促使政府接受该协定的英国人希望获得显然服务于英国战后需要的充足流动性或援助。[54]相似的诱因也促使其他国家接受了新的国际货币协定。

实际上,源自1944年布雷顿森林会议的国际货币基金组织更多地反映了美国的怀特计划,而非英国的凯恩斯计划。虽然怀特的提议在提供国际信贷方面更具限制性,但是当有必要恢复或维系资本主义运行时——国际货币兑换和跨国资本流动——怀特与凯恩斯一样致力于集体行动。

在一次英美对话中,据说哈利法克斯勋爵(Lord Halifax)对约翰·梅纳德·凯恩斯低语道:"显然,他们[美国人]掌握了所有的财富,但是我们[英国人]拥有所有的智慧。"但是智力只能到此为止,然而不太慷慨的怀特计划占了上风,即使该计划有所更改。

布雷顿森林协定的逐渐落实将会解决英美两国对协定解读的分歧,但是1944年这些分歧仍然存在:

> 1. 英国似乎将国际货币基金组织视为自动的信贷来源;美国似乎将其视为有条件的金融援助提供者。
>
> 2. 英国强调以贬值和外汇管制的方式维持均衡的自由,由债权国担负调整的重担;美国期待自由兑换和稳定汇率早日实现,特别反对任何要求美国单方面承担责任的建议。
>
> 3. 最令人不安的是,英国认为对多边主义原则的遵守要视大胆的过渡性援助新措施的情况而定;美国宣称布雷顿森林机制会满足英国的战后需求。[55]

虽然存在这些分歧,但是布雷顿森林协定的确为战后参与国之间相对固定的汇率机制建设奠定了基础。[56]

由于这种不成比例的巨大资本资源以及布雷顿森林会议的成果,美国在货币领域成为无可争辩的全球领导者。实际上,当时美国是能够有效地在国际货币基金组织行使否决权的唯一国家。这一新机制下的货币领导显然表明金融手段是必要的,不仅为自身安全作出安排,而且在与其他国家政府的协作中承担起全球安全的任务。美国马歇尔援助计划所提供的流动性也是保护美国全球商业利益的战略的一部分。这一观点使资本所有者和劳工的利益一致——由于预期的出口产业的发展,劳工的就业增加了。这些出口产业向被战争摧毁的国家提供物资。

美国最终承担起国际货币领导的责任,使美元成为全球商业中世界性关键货币——是为战后美国对外政策和国家安全政策提供资金所必需的决定性优势。这些政策需要巨大的政府海外开支。其他国家乐于以美元付款,好像美元就是黄金——甚至比黄金还好,因为美元存款可赚取利息。

实际情况是,战后之初的问题并不是全球市场上美元过剩,而是其相对于美元需求的短缺。美国的收支平衡逆差在海外深受欢迎,恰恰因为这些逆差直接促成了国际流动性。当美国公司和其他投资者在海外寻找机会时,私人资本的投资也大幅上涨。这有助于海外经济增长以及国内资本者获益。国际贸易大幅扩大,使出口产业及其受雇于该行业的劳工获益。出口部门的收益抵消了进口所带来的失业——在第二次世界大战之后的25年中美国保持了有利的贸易顺差。

美国政府信奉战后这一新国际主义——愿意提供对外援助、贷款,为海外军事和其他目的提供经费。这些海外目的是为了美国自身国家安全及其盟国和新成立的联合国中其他国家所共有的安全利益。美国所享有的国际货币优势事实上是冷战时期的决定性因素。大量财富是美国为对抗新敌人——苏联、中国及其各自的盟国——实施国家安全政策所必不可少的因素。

结　　语

20世纪30年代初大萧条始于"以邻为壑"政策。在20世纪30年代末,合作性安全努力出现了,而且欧洲又分裂成不同的联盟阵营。德国逐渐重回其在中欧国家中的主导地位,然而随着战争的爆发,英国和法国(以及之后的美国)成为重组的西方联盟的核心成员国。

如同第一次世界大战那样，每个联盟内部对货币汇率的战时管制——战时成本外部化了——都是实施或强加于其他国家。被占领下的荷兰无力再扮演其在第一次世界大战时所担当的银行角色，但是瑞士（包括位于巴塞尔的国际清算银行）仍是货币兑换、情报以及所需敌国货币的其他行动的重要中立地带。

从两次世界大战期间所汲取的“教训”深刻影响着布雷顿森林会议所起草的战后设计。合作性安全的自由主义观点考虑重回相对固定的汇率，以国家易于获得资本而维系汇率的方式和手段使国际货币基金组织制度化。为了使新机制运转起来，这一制度性框架内或之外的财政部长和中央银行行长需要合作性措施，以提供避免外汇管制所需的流动性，然而外汇管制是如此有害于国际商业。如当时其他领域的多边主义“新”思想一样，经济安全和国家安全是一个极具合作性的事务。

注　释

1. 详见 Charles P. Kindleberger, *The World in Depression, 1929—1939* (Berkeley: University of California Press, 1973), pp.28, 213, 291—292 等。

2. Ibid., p.259.

3. 金德尔伯格指出，“德国的垄断地位在于其是东南欧国家商品的重要市场”，而且他注意到“这些国家以清算账户向德国出售货物和原材料，并且它们情愿等待以购得德国工业产品，尽管这些产品往往比较贵”。Ibid., p.241.

4. 详见 Charles P. Kindleberger, *A Financial History of Western Europe* (London: George Allen and Unwin, 1984), p.406。

5. 金德尔伯格详细论述了美英两国在《租借法案》问题上的讨价还价，详见 Ibid., pp.424—427。

6. 详见 R.G.Hawtrey, *The Gold Standard in Theory and Practice*, 5th ed. (London: Longman's, Green and Co., 1927, 1947), p.222。

7. 详见 B.R.Mitchell, *Abstract of British Historical Statistics* (Cambridge: Cambridge University Press, 1962), p.1001; David K.Sheppard, *The Growth and Role of UK Financial Institution* (London: Methuen and Co., 1971), p.190。

8. 详见 Robert Triffin, “Excerpts from ‘Gold and the Dollar Crises’,” in *World Monetary Reform*, ed. Herbert G.Grubel (Stanford: Stanford University Press, 1963), p.70。

9. 1934 年 1 月，美国的黄金储备约合 68.33 亿美元，但 1936 年增长到 106.48 亿美元。法国黄金储备从 1935 年 3 月的 32.38 亿美元跌至 1936 年 6 月的 21.16 亿美元,同年9月则跌至19.63亿美元。详见Hawtrey, *The Gold Standard in Theory and Practice*, pp.174, 177.按照官方黄金平价,美元的价值折合为0.039 18美元兑换1法郎。

10. Milton Friedman and Anna Jacobson Schwartz, *A Monetary History of the United States, 1867—1960* (Princeton: Princeton University Press, 1963), p.509.

11. Ibid.

12. Ibid., p.587.

13. 这项计算中的兑换率为1英镑兑换4美元。详见John Maynard Keynes, *How to Pay for the War* (New York: Harcourt, Brace and Company, 1940), p.83。

14. Friedman and Schwartz, *A Monetary History of the United States, 1867—1960*, p.509.

15. Ibid., p.497.

16. Ibid., pp.259, 497.

17. Richard A. Lester, *International Aspects of Wartime Monetary Experience*, *Princeton Studies in International Finance* no.3 (Princeton: Princeton University Department of Economics, 1944), p.2.可参照Kindleberger, *A Financial History of Western Europe*, pp.406—409。

18. Vladimir Petrov, *Money and Conquest* (Baltimore: Johns Hopkins University Press, 1967), p.16.可参照Frank A.Southard, Jr., *Some European Currency and Exchange Experiences*, Princeton Studies in International Finance no.7 (Princeton: Princeton University Department of Economics, 1946)。

19. Petrov, *Money and Conquest*, p.27.对于何为"德国统治下"的更为完整的论述,参见ch.2, pp.23—41。盟国在其占领的北非、法国和意大利所实行的货币政策细节,可参见chs.3 and 4, pp.42—106。

20. 例如1942年,中国从美国和英国各借了5 000万美元和5 000万英镑。详见Lester, *International Aspects of Wartime Monetary Experience*, p.13。在第二次世界大战期间,美国购买了很多国家的货币(或者向这些国家提供贷款),包括阿根廷、巴西、中国、古巴、厄瓜多尔、利比里亚以及墨西哥。详见Margaret G. Myers, *A Financial History of the United States* (New York: Columbia University Press, 1970), p.362。

21. Lowell M. Pumphrey, "The Exchange Equalization Account of Great Britain, 1932—1939," *Ameircan Economic Review*, Vol.32, 1942, p.811.

22. Paul Einzig, *The History of Foreign Exchange* (New York: St.Martin's Press, 1962), p.291.

23. Ibid.

24. 详见E.Victor Morgan, *A History of Money* (Baltimore Penguin Books,

1965), pp.171—172; Fred Hirsch, *Money International* (Garden City, NY: Doubleday and Co., 1969), pp.334—341。

25. 详见 Gianni Toniolo and Piet Clement, *Central Bank Cooperation at the Bank for International Settlement, 1930—1973* (Cambridge: Cambridge University Press, 2005), p.233。

26. Ibid., pp.233—235.

27. 美国大通银行或英国银行的巴黎办事处在诸如此类交易中所扮演的角色并不清晰,但是大门敞着的事实——因此"与敌人贸易"——确实引人注目。详见 Charles Higham, *Trading with the Enemy*(New York: Barnes and Noble, 1983, 1995), p.29。

28. 1931 年雅各布森成为国际清算银行的一员,1946 年他成为经济和货币部门负责人,直到被任命为国际货币基金组织执行董事会的主席和总裁。Ibid., pp.231, 703.

29. Ibid., p.227.

30. Ibid., pp.228—229.

31. Ibid., p.227.

32. 20 世纪 20 年代中后期,诺曼积极倡导"国际银行"的观点。详见 Ibid., p.30。在纳粹时期之前,诺曼与其德国同行雅尔玛·沙赫特建立了深厚的友谊(后者在 1924 年至 1930 期间、1933 年至 1939 年期间担任德意志国家银行的行长),对其亲德的情感推波助澜。详见 Liaquat Ahamed, *Lords of Finance* (London: Penguin Press, 2009), esp.488。对于更严厉的评论,参见 Higham, *Trading with the Enemy*, 5。另一方面,诺曼也与本杰明·斯特朗(在 1914 年至 1928 年期间任纽约联邦储备银行行长)有密切的私人关系。这种关系是当时英美货币合作的关键。详见 Richard Meyer, *Bankers's Diplomacy*(New York: Columbia University Press, 1970), pp.50—51, 69—75 等。

33. Richard N. Gardner, *Sterling-Dollar Diplomacy* (Oxford: Clarendon Press, 1956), p.4.加德纳至少指出了三条教训:第一次世界大战之后美国代表在巴黎的无准备状态不应再现;美国未加入国际联盟所导致的巨大危害,因此第二次世界大战后美国的政策应该趋向于参加国际组织;而且第一次世界大战后对经济问题讨论不足的情况不应再现。详见 Ibid., pp.4, 12。

34. J.Keith Horsefield, *The International Monetary Fund*, vol.I (Washington, DC: International Monetary Fund, 1969), p.5.

35. John Morton Blum, *From the Morgenthau Diaries* (Boston: Houghton Mifflin, 1967), p.229.可参照 Gardner, *Sterling-Dollar Diplomacy*, pp.75—76。

36. Sir Roy Harrod, "Problems Perceived in the International Financial System," in *Bretton Woods Revisited*, ed. A. L. K. Acheson et al. (Toronto: University of Toronto Press, 1972), p.7.

37. 详见 Gardner, *Sterling-Dollar Diplomacy*, pp.31, 76。

38. 国务卿科德尔·赫尔及其副国务卿萨姆纳·韦尔斯都是直言不讳的自由贸易倡导者。详见 Ibid., pp.4, 12—22。

39. Horsefield, *The International Monetary Fund*, p.5.

40. 加德纳引述了克莱门特·阿特利(Clement Atlee)、欧内斯特·贝文(Ernest Bevin)等政府领导人以及莱昂内尔·罗宾斯(Lionel Robbins)、詹姆斯·米兹(James Meade)、休伯特·亨德森(Hubert Henderson)、丹尼斯·罗伯逊(Dennis Robertson)以及约翰·梅纳德·凯恩斯等经济学家,因为他们致力于恢复战后经济多边主义或协作的自由主义秩序。加德纳也注意到这一大趋势的一些例外情况。详见 *Sterling-Dollar Diplomacy*, pp.25—26, 28—31。

41. Horsefield, *The International Monetary Fund*, p.6.

42. Gardner, *Sterling-Dollar Diplomacy*, p.56.

43. 详见 UK Treasury, *Proposal for an International Clearing Union* (London, 1943),转引自 Gardner, Ibid., p.79。两次世界大战期间的经验所产生的对通缩的相同恐慌也影响着国际货币基金组织的早期领导。详见 Ibid., pp.290—291。

44. 详见 Gardner, *Sterling-Dollar Diplomacy*, pp.75—76。

45. John Maynard Keynes, *The End of Laissez-Faire* (London: Hogarth Press, 1926). Keynes(缩写), *Essays in Persuasion* (New York: Harcourt, Brace, and Co., 1932), pp.312—338.对于自由放任的自由主义的扬弃,可参见 Karl Polanyi, *The Great Transformation* (Boston: Beacon Press, 1944, 1957), pp.135—162, 221—258; Joseph Schumpeter, *Capitalism, Socialism, and Democracy* (New York: Harper and Row, 1950, 1962); Karl Mannheim, *Freedom, Power and Democratic Planning*, ed. Hans Gerth and Ernest K.Bramstedt(London: Routledge and Kegan Paul, 1950, 1951)。

46. Keynes, *The End of Laissez-Faire*, p.50.

47. "Proposals for an International Clearing Union," British Government Publication, Cmd. 6437 (London: H. M. Stationery Office, 1943), in *World Monetary Reform*, ed. Herbert G.Grubel(Stanford: Stanford University Press, 1963), p.57.

48. Horsefield, *The International Monetary Fund*, p.58.

49. Ibid., pp.58—59.

50. Ibid., pp.59—60.

51. Ibid., p.62.

52. 相比之下,美国有组织的劳工倡导战后的自由主义秩序,因为自由主义被视为美国出口竞争优势的资本化,会为美国带来就业机会。对于美国银行家协会、美国全国制造商协会、美国商会、全国对外贸易理事会等组织所表达的非自由主义情绪的讨论,详见 Gardner, *Sterling-Dollar Diplomacy*, pp.97—98, 131, 197。

53. 右翼更青睐保护和维系帝国特惠制,然而左翼寻求"免受国内计划与管制项目的影响",意在充分就业。详见 Ibid., pp.32—39。

54. 详见 Ibid., pp.125, 144, 191, 196—197。

55. Ibid., p.143.

56. 对于凯恩斯计划和怀特计划的其他讨论以及布雷顿森林会议所达成的协定，参见 Friedrich A.Lutz, International Monetary Mechanisms, *Princeton Studies in International Finance* no.1 (Princeton: Princeton University Department of Economics, 1943); Horsefield, *The International Monetary Fund*, Vol. I, pp.3—118。

第五章

冷战与布雷顿森林体系时代

各国民众与政府比以往任何时候都肩负更大的责任，确保这次——终于——持久和平得以确立与维系……关键性考验……对当今国家而言在于它们是否吃够了苦头，学得足够多，抛开猜疑、偏见及其短视且狭隘的利益，为促进更大的共同利益而联合起来。

——科德尔·赫尔(Cordell Hull)，美国前国务卿
在领诺贝尔和平奖时的讲话(1945年12月)

特别提款权就像一个“斑马”——要么是“黑底白纹”要么是“白底黑纹”。

——奥特马尔·埃明格尔(Otmar Emminger)，
德国联邦银行副行长、10国代表小组主席
(美国与法国的妥协促成了作为信贷与储备的特别提款权)

德国国务卿科德尔·赫尔、财政部长亨利·摩根索及副部长哈里·怀特，以及罗斯福政府的其他官员都将第二次世界大战后自由贸 币安排的形成视为恢复和平以及维系战后安全所必不可少的。 题放在首位——适当地确定战后安全的经济基础。正当战 平洋地区持续时，1944年7月，44个战时盟国的代表在新 顿森林的华盛顿山酒店(the Mount Washington Hote

如上一章所讨论的，在布雷顿森林会议上英美领导人认为，战后国际贸易和投资的发展取决于相对固定汇率的货币兑换。他们最后商定，将美元兑换黄金的做法置于核心地位、维系国际流动性是国际货币新机制的基本因素。仅在其有关规则以及制度安排（用以维持国际流动性的国际货币基金组织以及用以发展资本投资的世界银行）之后，有关联合国组织的会议才召开。将经济事务或商业事务放在首位的做法也反映了资本所有者、管理者的利益观。

在新罕布什尔州的布雷顿森林谈判为货币和资本奠定了基石，8月和10月相继讨论了以往的国际联盟和战时联盟向可称为联合国的转变。第二次世界大战时的联盟指的是美国、英国、苏联及中国代表（"三巨头"外加中国）在华盛顿特区的乔治城敦巴顿橡树园会面，构想这一新的国际和平及安全组织。这四国以及获得解放的法国在联合国安全理事会中拥有大国永久席位。

对他们而言，法国人在8月巴黎解放之前的1个月参加了布雷顿森林会议，但是并非敦巴顿橡树园会议的参与国。然而一年后法国完全参与到联合国旧金山会议中，承担起了其作为欧洲-大西洋"四大巨头"之一的使命。这"四大巨头"在重新确立战后经济关系和多边安全关系中扮演着领导角色。

苏联完全参与了布雷顿森林会议、敦巴顿橡树园会议，尽管它最终退出了国际货币基金组织、世界银行，因为斯大林和其他苏联领导人视其完全由美英以及其他西方资本利益者所控制。在苏联看来，苏联在联合国中足以是个大国，如同其第二次世界大战中的"盟国"——美国、英国、中国以及法国——在安全理事会拥有否决权。

联合国宪章的框架最终在敦巴顿橡树园会议上达成了一致。第……际问
于1945年6月26日在旧金山签署。宪章的序言确……
会议的议程——"以国际机构促进所有人的……与友好关系
3款）"实现国际合作，以解决经济……
题"。这是合作性安全观。

社会经济与国际安全的……见，完全倾
向于经济、安全以及人类社……

所需的稳定及福利条件”。第 10 章设立了联合国经济和社会理事会，而且承认一般由专门机构——布雷顿森林会议所创建的国际货币基金组织和世界银行——为这些和平及安全目标所开展的工作。

总之，这些是财政部官员与中央银行行长在双边与多边日常建设性或和平交往中合作性安全方面的努力，是维系经济安全和国家安全所依赖的国际货币安排。这些努力服务于国家利益、资本利益、劳工利益及其他利益相关者，管理冲突而且在制度等背景下找到共同点。这些制度等背景界定着创建和维系国际货币机制的政治。

冷战之初的布雷顿森林体系

战后的自由主义世界——由盟国战时协作的制度化而形成——是不现实的。最初苏联及其势力范围内的中东欧国家、美国及其西方盟国之间的分裂后来被制度化了，主要体现在美国所领导的北约（1949 年）以及苏联所领导的华约（1955 年）上。作为全球性机构，国际货币基金组织、世界银行向其他国家开放，但是事实上仍在苏联势力范围之外，因而更具“西方”色彩。苏联参加了联合国，通常在安全理事会使用否决权以阻拦有悖于其利益的联合国行动。

由于苏联及其势力范围内东欧国家的缺席，在布雷顿森林体系形成之初，国际货币基金组织成员国在货币事务方面的协作处在相对较高的水平。到 1958 年，主要国家的货币已经与黄金、美元、英镑或其他货币实现完全兑换了。在第二次世界大战结束时，美国的国内生产总值占世界……产总值的一半，持有世界黄金储备的 60%。毫无疑问美国仍处于……货币地位。[1] 1945 年，美国不仅拥有货币能力的优势，而且也……林体系规则的全球实施付出努力。

……47 年期间，虽然联合国善后救济总署（UN Relief and ……ion，UNRRA）做了努力，但是欧洲国家的储备明……，美国进出口银行（Export-Import Bank）向英国提供了37.5亿美元的贷款，为法国提供了12亿美元信贷。此后1947年美国便开始实施广泛的欧洲复兴计划（或称之为马歇尔计划）。[3]

马歇尔计划增强了欧洲国家应对杜鲁门政府所认为的苏联威胁的能力，从而增进了美国的国家安全利益。除此之外，马歇尔计划也意在减少其他国家官方储备中美元紧缺的问题。在1946年至1953年，美国将大约330亿美元（这一数字甚至并不包括军事开支）转付其他国家。[4]除了军事开支、旅游、私人利益者的对外直接投资外，20世纪50年代美国每年平均对其他国家的拨款和贷款为22.5亿美元。

当然，这些转付使美元由外国人拥有，反过来他们以此购买美国商品和服务。如上所述，在1971年之前美国贸易一直顺差，正巧是布雷顿森林体系结束的那一年。虽然这一贸易顺差在某种程度上相抵了，但是美国政府和私人利益者的巨大开支使美国在1949年至1959年期间每年有平均11亿美元的国际收支逆差。[5]此外，至1960年美国转付到世界其他地区的黄金大约是70亿美元。[6]

在美国的巨大压力下，1947年英国允许英镑可兑换。[7]这种尝试仅仅持续了一个月，然而这表明主要货币完全兑换的任何尝试为时尚早。因此，布雷顿森林会议所预想的全球货币机制直到1958年12月27日才完全得以实施。当时在美国的敦促下，欧洲主要国家最终允许其货币可兑换。[8]

然而在此期间，日本和欧洲国家适当保留了资本流动管制。美国仍关注恢复货币可兑换的承诺，而且布雷顿森林体系的诸项机构得以运行，尽管国际货币基金组织的借贷规模还远低于其能力。[9]

1949 年敦促欧洲货币贬值 30%。[10]甚至 1958 年的法郎贬值意在使法国货币当局维系法郎的可兑换性。[11]因此当时的协作程度很高,以与汇率变化有关的广泛协作、并未发生类似 20 世纪 30 年代的竞争性货币贬值为标志。经济安全和国家安全以合作的方式得以维系。

相似的是,20 世纪 60 年代为了避免汇率波动,有关国家做了大量努力。例如,1964 年英国开始竭尽全力地维系 1 英镑兑换 2.8 美元的汇率。[12]英国政府大加利用十国集团的借款总安排(General Arrangements to Borrow, GAB)、国际货币基金组织以及诸国中央银行的货币互换额度、加息的银行利率以及国内增税,安排了 30 亿美元的一揽子贷款,有效地遏制了对英镑的进一步投机。

然而 1965 年英镑又招致攻击,而且工资-物价限制的计划被强加给英国经济。虽然法国选择不与英国协作,但是美国、日本及一些欧洲国家的中央银行开始购买英镑,提供了大量支持。紧缩预算以及持续的信贷提款并没有阻止货币危机,从而促使 1967 年英国政府做出了英镑贬值的决策,从 1 英镑兑换 2.8 美元贬值为兑换 2.4 美元。但是这一决策与当时的协作精神相一致。这一决策在公布于众之前,英国与国外货币当局正式沟通了。

在 1968 年和 1969 年,法郎也深陷困境——国内动荡致使查尔斯·戴高乐总统离任。[13]法兰西银行大加利用其他国家货币当局的可用信贷,耗尽大量储备,仅有能力维系当时的汇率一年多。最终在 1969 年 8 月,法郎被迫贬值 11.1%。

对它们而言,1961 年、1969 年德国和丹麦同意高估其货币,以与其他货币当局协作。此外,在 1969 年至 1971 年期间,这些国家以及日本愿意接受数亿美元的投机性资本流入——为了确保当时的汇率。[14]

很多国际货币基金组织的成员国需要 12 年才能积累充足的货币储备……定与市场预期相一致的汇率,因此遵守着需要货币可兑换为黄……顿森林体系的规则。一旦可兑换性得以确立,很多措施……)协调作为管理资本流动工具的利率,因而影响……可兑换货币的存款作为官方储备,并不将其……向全球市场提供充足的美元、黄金……作为官方储备。

协调利率

如同以往一样，中央银行的贴现率——货币当局用以管理国内利率的一个工具——也是影响资本流动并管理汇率的一种手段。当然，国际资本流动对利率差异——在其他条件不变的情况下，资本所有者倾向转移流动资金以利用更高利率的机会[16]——的敏感性约束着货币当局为纯粹国内经济目的而使用贴现率，以免为此目的而提高或降低利率的做法与其汇率目标背道而驰。

不同的观点时不时地出现。表 5.1[17]中的利率数据表明了在布雷顿森林体系时期主要货币当局之间相当高的协作水平。鉴于英国的货币问题，纽约的贴现率从未被允许超过伦敦的贴现率。1959 年，英美两国在年末有相同的贴现率。除此年之外，美国贴现率都低于英国的贴现率。这并非偶然现象，而是货币领域合作性安全的一部分。相似的是，在 20 世纪 40 年代末和 50 年代，美国保持其贴现率低于法国和德国的贴现率以此帮助法德两国，因此秉承着如下精神，即合作性安全并未过分地以其他国家为代价而将资本吸引至纽约。

表 5.1　中央银行的贴现率(1948 年至 1970 年)

该年份年末	美　国	英　国	法　国	德　国
1948	1.50	2.00	3.00	5.00
1949	1.50	2.00	3.00	4.00
1950	1.75	2.00	2.50	6.00
1951	1.75	2.50	4.00	6.00
1952	1.75	4.00	4.00	4.50
1953	2.00	3.50	3.50	3.50
1954	1.50	3.00	3.00	3.00
1955	2.50	4.50	3.00	3.50
1956	3.00	5.50	3.00	5.00
1957	3.00	7.00	5.00	4.00

续表

该年份年末	美　国	英　国	法　国	德　国
1958	2.50	4.00	4.50	3.00
1959	4.00	4.00	4.00	4.00
1960	3.00	5.00	3.50	4.00
1961	3.00	6.00	3.50	3.00
1962	3.00	4.50	3.50	3.00
1963	3.50	4.00	4.00	3.00
1964	4.00	7.00	4.00	3.00
1965	4.50	6.00	3.50	4.00
1966	4.50	7.00	3.50	5.00
1967	4.50	8.00	3.50	3.00
1968	5.50	7.00	6.00	3.00
1969	6.00	8.00	8.00	6.00
1970	5.50	7.00	7.00	6.00

资料来源:IMF, *International Financial Statistics*, 1972 supplement, p.4, p.8, p.24, p.28(每页第60行的条目)。

然而在20世纪60年代,德国和法国(当时在货币领域比以往强大得多,而且与其减少美国资本流入的意愿相一致)使其贴现率低于(或至少相当于)美国的贴现率。除了两年之外,整个20世纪60年代德国确实如此。20世纪60年代中期,法国也成功地使其贴现率低于美国的贴现率。20世纪60年代末法国面临着政治危机和金融危机,因此这一方法行不通了。在其他条件不变的情况下,欧洲利率低于纽约利率的政策促使资本流向美国,因此支撑着美元——是个互利的合作措施。

外汇存款

大多数国家希望以美元存款而非将这些美元余额兑换成黄金的方式维持储备,因此支持了美国依照布雷顿森林体系的规则而维系美元可兑换黄金的努力。实际上,在1958年至1971年期间大多数国家持有的美元储备往往超过其实际储备需求。表 5.2 包括了 1958 年至 1971 年美元储备的数据。

表 5.2　与国际货币机制领导者美国的协作:1958 年至 1971 年美国对外国中央银行和政府的负债额(所有数据以 10 亿美元为单位)

年份	美国对外国中央银行和政府的负债额	欠加拿大	欠西欧国家	欠亚洲国家
1958	9.65	1.69	6.89	2.07
1959	10.12	1.86	7.67	2.64
1960	11.09	2.17	8.33	2.99
1961	11.83	2.48	9.56	2.84
1962	12.71	3.11	9.27	3.29
1963	14.42	1.79	8.51	2.74
1964	15.79	1.81	9.33	3.03
1965	15.83	1.70	8.83	3.31
1966	14.90	1.33	7.77	3.96
1967	18.19	1.31	10.32	4.43
1968	17.34	1.87	8.06	5.00
1969	16.00	1.62	7.07	4.55
1970	23.78	2.95	13.62	4.71
1971	50.65	3.98	30.13	13.82

注:亚洲国家那一列主要指日本。
资料来源:IMF, *International Financial Statistics*, 1972 and selected monthly issues。

美元——现在欧元和其他货币也如此——对中央银行行长干预市场而言在当时是(现在仍是)最有用的,以捍卫一个特定的货币或共同努力地调高或调低其汇率。此外,不同于黄金,美元和其他货币存款是利息收入性资产。因此,布雷顿森林体系时代持有美元以取代黄金的做法不仅有利于美国及国际货币机制,而且有利于那些从中获得适度收益的国家。

相比于这种合作,1965 年法国开始不与美国协作,要求以多余的美元换取法兰西银行所需的黄金。事实上,瑞士也时常如此。然而短时间内法国显然是个显著的例外。当时,大多数国家都与美国协作以维系美元在布雷顿森林机制中主要储备资产和关键货币的地位。

维系国际流动性

1958年,欧洲经济共同体(European Economic Community, EEC)成立。由于欧洲经济共同体欢迎外国投资,因此大量美国资本流入欧洲,进而将更多美元注入国际货币市场,增加国际流动性。伦敦银行业者开始持有更多美元存款,而且“欧洲美元”市场形成了。[18]英国资本管理者中的精英有效地建立了这个新的“欧洲美元”(Eurodollar)市场。这一市场与伦敦黄金市场一起运行,促进了资产之间的交易。“欧洲美元”市场不仅是私人投资的资本来源,而且是中央银行向其他国家中央银行支付的流动性来源。

鉴于英镑的相对衰落,“欧洲美元”市场给予总部设在伦敦的银行业者以新的业务,服务于其利益。这些新的业务对于维系伦敦金融街相较于纽约的竞争地位是必要的。纽约是国际金融交易的重要中心。对美国银行而言,在伦敦等海外运营的美国银行也受益于参与欧洲美元的交易。事实上鉴于其海外地点,美国银行不受如下管制的约束,即美联储董事会强加在美国国内运营的银行在利率及其他商业实践方面的管制。

然而,“欧洲美元”市场真正起始于1963年7月18日美国肯尼迪政府所征收的利息平衡税(an interest equalization tax)。该税对美国人持有外国证券的所得征税,以此减少美国资本向海外转移。对外国证券投资回报的大幅下降致使纽约作为资本来源不那么有吸引力。因此,以伦敦为中心的“欧洲美元”市场长足发展,而且伦敦也取代纽约成为所需资本的主要来源。

在1958年之前,美国以国际收支逆差的形式为维护机制单方面作了最大贡献。这种逆差有助于“欧洲美元”市场的发展,而且以黄金、可兑换黄金的美元存款另外向外国中央银行提供了流动性。表5.3包含了描述1958年至1971年国际流动性增加的数据。

表 5.3 总流动性的增加(1958年至1971年)(10亿美元)

年 份	总储量	年 份	总储量
1958	57.6	1965	70.5
1959	57.4	1966	72.6
1960	60.3	1967	74.3
1961	62.4	1968	77.4
1962	63.0	1969	78.3
1963	66.4	1970	92.6
1964	68.7	1971	123.2

资料来源：International Monetary Fund，*International Financial Statistics*，December 1973，p.19(1966—1971)；December 1969，p.13(1959—1965)；and December 1967，p.16(1958)。

美国为换取自由货币机制所带来的收益而承担了其黄金储备损失的代价。这一货币机制允许美元和其他货币在用于对外政策或国家安全的海外政府开支、跨境商业、投资及其他金融交易方面彼此兑换。特别是，这一安排给予美国进入欧洲及其他经济体开展贸易与投资无可争议的好处。

此外，对美元的广泛认可使美国政府为支持其军事目标和其他对外政策目标进行持久的巨大开支成为可能。维系美国的联盟、履行联合国及其他义务、追求广泛的对外政策目标取决于美元在全球范围内获得的广泛认可。美元具有合法性，向美国领导人传达了“硬权力”方面的能力。

虽然源于美国国际收支逆差的新流动性有益于维系整个国际货币机制，但是这种流动显然由美元流入国承担代价。海外的新流动性促进了国内货币供给的增长(德国尤是如此)，最终带来了通货膨胀的影响。很多欧洲经济共同体国家，尤其是法国日渐反感美元的流入，因为美国资本所有者中的一些利益者以美元控制国内工业。对很多法国人来说，这是一个巨大的代价。

20世纪50年代末、60年代初，美国以“购买美国货”活动的方式减少对国外制造商品的进口，以此回应欧洲人的抱怨。由此，艾森豪威尔政府公开讨论了海外军事人员的家属回国问题，以此减少这些开支所导致的黄金外流。其他减少美国政府海外开支的尝试包括1963年利息平衡税的征收和一个约束海外直接投资的“自愿”计划。1965年2月4日,林登·约翰逊总统(Lyndon Johnson)颁布了该计划。当然,这些策略的目的仅仅是遏制国际收支逆差,而非完全消除之。私人部门的资本利益者为了贸易和投资目的而持续开拓全球市场。除此之外,美国政府持续维系其海外行动和军事部署的能力界定着其在维系布雷顿森林体系安排方面的国家安全利害。

在德国人看来,他们于“1965年7月1日……对固定利息证券的外国持有者的利息汇款征收25%的代扣所得税(withholding tax)”,而且法国于1965年1月宣布此后其货币储备(主要是美元)将尽量减少以持有黄金。[19]如同下一章所详细讨论的,法国以此向美国施压,使其限制政府和私人海外开支,使国际货币机制的领导者受制于其他参与者所面临的同一货币纪律。因此,法国首次严重地挑战着全球货币机制中美国的领导地位。

协作的制度化

20世纪60年代,意在应对诸多危机的国际会议机制已经制度化了,例如十国集团、[20]伦敦黄金总库(the London Gold Pool)、[21]经合组织(Organization for Economic Cooperation, OECD)的三方工作组(Working Party Three, WP3)、[22]国际清算银行、国际货币基金组织,以及欧洲经济共同体的货币委员会。在这些相互重叠的制度化结构中,举行多次正式和非正式的会议。[23]

作为用以协作的论坛,这些制度促成了“数个国家中颇具影响的决策者之间的持续友谊”。[24]虽然这些组织中商议的参与者往往在不同议题上持有不同的看法,但是他们的确拥有某些共同的价值观,最重要的是维系国际货币机制的承诺。

支持资本跨国自由流动的自由主义取向是美国官员所赞成的想法,而且欧洲官员也普遍认可这一取向。除了1930年以来国际清算银行的努力之外，国际货币基金组织也是有利于其宪章所包含的自由主义价值观社会化的机构：(1)促进国际货币合作；(2)促进国际贸易的扩大与均衡增长；(3)致力于消除外汇管制；(4)促进汇率稳定；(5)避免竞争性汇率贬值。[25]不仅国际货币基金组织的职员具有这些货币目标所体现的自由主义价值观，而且国际货币基金组织本身也积极培训那些在欠发达国家担任中央银行行长的人士，那么这无疑是在向他们灌输那些反映“货币均衡和平衡的西方一般观念”[26]的看法。

当然，过分夸大这些政策精英之间跨国或跨政府的联系、他们在国际组织和会议中的网络及其所形成的认知共同体的重要性是有风险的。虽然他们拥有一些共同的价值取向和倾向，特别是中央银行行长，但是他们也因不同国家的成本-收益或利益考量、不同的理论主张或意识形态承诺而产生分歧。[27]

然而从整体上看，20 世纪 60 年代，通过正式或非正式国际会议进行了协作性活动——管理日常金融交易、在巴塞尔的国际清算银行月度会议、在华盛顿的国际货币基金组织年度会议、其他不太正式情况下的定期集会。除了其他有政治关联的精英，中央银行行长相当务实地维系着国际货币兑换，缓和了往往使决策者有不同意见的理论或意识形态分歧。

1954 年 3 月开始运营的伦敦黄金市场是使参与者相互接触的经营场所。直到 1968 年 3 月由于协调性干预，黄金的自由市场价格维持在每盎司 35 美元——1961 年 10 月，货币官员建立了黄金总库，推动了这些干预。[28]美国财政部以前时常与英格兰银行的英国货币官员在干预市场方面协作，以稳定黄金价格。[29]实际上，在有限的浮动范围内，黄金稳定的价格对维系布雷顿森林机制是不可或缺的。

在黄金总库建立后，美国与英国之间的协作大幅扩展。比利时、法国、德国、意大利、丹麦、瑞士、英国以及美国的货币官员共同努力避免黄金价格的任何上扬，事实上阻止了美元贬值，否则将有损布雷顿森林机制。20 世纪 60 年代末，法国采取了不太协作、更加独立的立场，1967 年 6 月退出了黄金总库。[30]当时法国总统也决定退出美国在北约所领导的军事指挥机构，因此在军事上不再服从于美国。

1968 年 3 月，黄金总库最终以协议的方式终止了——被一个双重的黄金市场取而代之。新的安排说明，虽然中央银行间每盎司35美元的黄金交易平价得以维系，但是由于中央银行并不干预金属的开放市场，价格将会自由波动。毕竟，黄金总库是它们所建立的，因此它们可任意改变规则，为官方黄金兑换建立“双重”市场。

然而，十国集团仍在——世界上工业最发达的、非共产主义国家——在黄金总库建立之后不久建立了。十国集团寻求以共同的手段处理威胁当时汇率的货币危机，最先解决英镑疲软所带来的问题。为了将来建立一个共同应对这种危机的机制，1962年1月十国集团同意建立一般借款协议（the General Arrangements to Borrow，GAB）。这个信贷工具可以为十国集团成员国提供60亿美元。借款总安排签署者的参与情况如表5.4所示。[31]

表5.4　机制内的协作：一般借款协议（1962年1月5日）

国　家	供款（百万美元）	供款占全部的百分比
美　国	2 000	33.3
英　国	1 000	16.7
德　国	1 000	16.7
法　国	550	9.2
意大利	550	9.2
日　本	250	4.2
加拿大	200	3.3
荷　兰	200	3.3
比利时	150	2.5
瑞　典	100	1.7
总　和	6 000	100.1

资料来源：Lawrence A. Veit and Rona S. Woodruff, *Handbook of International Finance, 1958—1966*（New York：National Industrial Conference Board, 1967），p.16；以及J.Keith Horsefield, ed., *The International Monetary Fund, 1945—1965*, Vol. I（Washington, DC：International Monetary Fund, 1969），p.512。

在一般借款协议达成之前，美国的影响是1961年3月12日国际清算银行达成一项协议的成因。该项协议要求“更大程度上持有彼此的货币……而非立刻将其兑换成黄金或美元”以及“对所需货币的短期贷款”，以确保参与的中央银行彼此合作。[32] 1961 年 3 月至 7 月，在这一所谓的《巴塞尔协议》的安排下，对英镑的支持数额几乎达到 10 亿美元。[33]

1962 年 2 月，美国官员在与国外中央银行合作中尝试了各种短期金融应急手段。[34]互惠信贷安排本质上是美国和其他国家的中央银行之间的信用额度，可用以彼此保护当时的汇率。[35]在这一互惠信贷安排最初的 8 个月中，美国的提款总额为 9.78 亿美元。每项提款“通常在 6 个月内”偿还信贷。[36]表 5.5 包括从 1962 年 2 月开始的两年期信贷额度（互惠信贷措施）的总数。

表 5.5 机制内的协作：1962 年至 1964 年互惠信贷安排

所在国银行或国际银行	信贷额度（百万美元）	信贷额度占总数的百分比
英　国	500	24.4
加拿大	250	12.2
德　国	250	12.2
意大利	250	12.2
日　本	150	7.3
瑞　士	150	7.3
国际清算银行	150	7.3
法　国	100	4.9
荷　兰	100	4.9
奥地利	50	2.4
比利时	50	2.4
瑞　典	50	2.4
总　和	2 050	99.9

资料来源：J.Keith Horsefield, *The International Monetary Fund, 1945—1965*, Vol.I(Washington, DC: International Monetary Fund, 1969), p.484.表中的数据相当于扩大的信贷额度。

20 世纪 60 年代，英国经常接受这种对英镑的短期援助，经由一般借款协议及国际货币基金组织其他提款方式或互惠信贷安排。[37] 1964 年、1965 年、1967 年、1969 年，英国分别接受了国际货币基金组织和一般借款协议的提款。[38]但是如表 5.6 所示，英国并非国际货币机制参与者之间进行协作的唯一国家。实际上，在 1958 年至 1971 年期间，57%的国际货币基金组织成员国至少使用了一次国际货币基金组织的信贷。[39]

表 5.6 1958 年至 1971 年的机制内的协作:国际货币基金组织信贷融资使用情况(单位:个)

年份	A 列:使用国际货币基金组织贷款的国家数	B 列:拥有备用信贷的国家数	C 列:使用国际货币基金组织贷款的国家总数(A+B)
1958	19	10	29
1959	15	11	26
1960	17	11	28
1961	23	18	41
1962	22	17	39
1963	22	13	35
1964	25	14	39
1965	26	15	41
1966	31	19	50
1967	31	20	51
1968	34	21	55
1969	36	23	59
1970	32	15	47
1971	31	12	43

资料来源:IMF, *International Financial Statistics*, 1972 supplement. A 列下面的国家记录在国家页面 2e 行之下(国际货币基金组织贷款的使用);B 列下面的国家记录在国家页面 2a 行之下(备用信贷)。

欠发达国家是国际货币基金组织信贷融资的重要使用者,因此也是这一协作的主要受益者。1959 年及 20 世纪 60 年代初,欠发达国家在联合国国际商品贸易委员会(UN Commission on International Commodity Trade, UNCTAD)、美洲国家组织(the Organization of American States)以及国际货币基金组织游说而寻求支持以弥补由出口商品价格下降所导致的国际收支逆差。[40]

由于上述游说,1963 年 2 月,国际货币基金组织为“因暂时出口不足而面临支付困难”的国家设立了补偿性融资。[41] 补偿性融资安排不仅是美国以及国际货币基金组织中其他主要成员国为满足欠发达国家的需要而尝试的,而且有助于上述国家留在全球机制中。

因此,协作并没有局限于工业国家,并且也应该使欠发达国家受益。

当然，如果欠发达国家坚守维系汇率稳定的国际货币机制中的规则，那么国际货币基金组织信贷必定完全是自由主义的条款。虽然协作的大量回报仍属工业国家的资本利益者，但是对欠发达国家来说，以补偿性金融等机制推动欠发达国家的汇率稳定是符合其利益的。

至少可以说，欠发达国家对最初的补偿性融资有所失望。一般来说，允准的提款通常不超过配额的25%，而且提取上述信贷的国家需要接受国际货币基金组织的审查以及政策指导，以消除国际收支逆差的趋势。[42] 1964年，欠发达国家在联合国国际商品贸易委员会以及国际货币基金组织游说，尤其是在年度会议上。这促成了1966年9月作出的一项决定，旨在放宽补偿性融资手段下的提款规则。此外，提款的限额提高到配额的50%。[43]这种放宽影响着提取补偿性金融的国家数量，如表5.7所示。1965年至1971年这些提款的数值可见表5.8。

表5.7 机制内的协作：1963年至1971年未偿付的补偿性提款(国家数量：个)

1963年	1964年	1965年	1966年	1967年	1968年	1969年	1970年	1971年
2	2	3	5	12	13	15	12	9

资料来源：IMF, *International Financial Statistics*, 1972 supplement。

表5.8 机制内的协作：1965年至1971年补偿性提款的数值(百万特别提款权)

国家/地区	1965年	1966年	1967年	1968年	1969年	1970年	1971年
冰　岛			3.8	3.8			
新西兰			29.2				
拉丁美洲		6.6	21.2	17.7	12.5		39.5
中东地区			9.5	23.0			4.5
亚　洲			117.0	24.1			6.5
非　洲	11.3	17.3				2.5	19.0
总　计	11.3	23.9	180.7	68.6	12.5	2.5	69.5

资料来源：IMF, *International Financial Statistics*, February 1977 and various other issues。

在诸次协商的过程中，对如下问题展开了大量争论，即布雷顿森林机制是否需要以新储备单位为形式的额外流动性，额外的信贷或提款权益是否足够。1963 年法国最初的建议是设立与黄金密切相关的共同储备单位（a collective reserve unit，CRU）。参与国依据事先安排的准则存储其货币以换取共同储备单位，之后共同储备单位可兑换所需的外国货币。[44]

美国意识到美元作为关键货币的使用足以负担得起美元的特权地位，最初有反对设立任何取代可兑换黄金并作为中央银行间交易有效储备的美元的想法。美元的地位既有利于美国政府，又有利于私人部门的资本利益者。美国仅仅赞成以增加国际货币基金组织配额的方式扩大流动性，并不赞成设立一个或许会挑战美元地位的新储备单位。美国并不希望放弃中央银行之间交易最常用的储备单位发行者（美元）的特权地位，继续反对法国的建议。[45]

1965 年 2 月，法国改变了自己对共同储备单位的立场。受到雅克·鲁艾夫（Jacques Rueff）等顾问的影响，[46] 戴高乐总统在记者会上宣布谋求重新确立 1914 年之前金本位制的决定。法国重回金本位制的建议显然意在消除美国在货币领域的特权地位（及其在对外政策、国家安全领域的特权地位），将相同的国际收支约束强加给所有国家。

美国不再有能力仅以美元支出的方式为国际收支逆差提供资金。相反，用以改变国际收支逆差的美元被立即兑换成黄金，因此消耗了美国财政部所持有的这种相对稀缺的资产。美国在为其海外行动，尤其是在北约及其他地方的军事部署提供资金方面毫无疑问会更加困难。戴高乐主义对外政策的这一独立性体现在法国退出美国所领导的北约指挥机构这一决定中。这一决定也使法国在军事上不再服从于美国。

虽然法国财政部长（其后任总统）瓦勒里·季斯卡·德斯坦（Valery Giscard d’Estaing）的想法并非完全与法国新的政策方针不一致，但是他更务实。他最初支持共同储备单位，因为他认为新储备单位“将会完全依照一个未经明确的汇兑黄金比率进行分配与使用”[47]。然而相比鲁艾夫，季斯卡并不倾向重新确立金本位制，因为在观察者看来，这“与最大限度的国内增长的承诺并不相符”[48]。然而 1966 年 1 月，米歇尔·德勃雷（Michel Debré）担任财政部长，巩固了法国政府倡导恢复金本位制而使之成为国际货币新机制基础的政策。

美国也改变了自己的观点。1965 年初，亨利·福勒（Henry Fowler）取代 C.道格拉斯·狄龙（C.Douglas Dillon）接任财政部长。7 月 11 日在一次演讲中，他宣布美国支持新储备资产的设立。值得注意的是，这种新资产不会替代而是补充作为储备的美元或其他国家的货币。因此，美国并不会像法国建议共同储备单位所意味的那样失去美元的特权地位。与此同时，新的流动性并不仅仅取决于金矿产出、美国国际收支逆差。[49]

虽然美、法两国的立场有所转变，但是两国仍属不同阵营。法国始终如一的建议的思路是决心平衡美国的货币（以及在政治-军事、广义上的经济）主导地位。这一主导地位源自全球货币机制中美元作为关键货币的使用。不仅要使美国货币地位下降，而且使美国海外开支也在货币方面面临新的约束——即极大地限制美国对外政策的实施、美国公司与其他私人利益者海外投资的能力。

相比之下，美国货币始终如一的建议的思路是决心维系美国货币的超群地位和货币特权。这一特权赋予美国私人投资者和进口商，以及从事广泛的海外军事和其他行动的美国政府机构更多的自由。在十国集团的其他成员国中，调停的责任落在德国人身上。德国的观点显然是支持国际货币机制："不同于法国人，德国人希望以金汇兑本位制为基础而非瓦解之。他们意欲控制美元的国际角色而非破坏之。"[50]相似的是，十国集团的其他成员也支持国际货币机制，以新的信贷安排或新的储备单位增加流动性。

虽然法国没有得到欧洲经济共同体成员国或十国集团其他成员国对其恢复金本位制建议的支持，但是法国并不妥协的谈判立场似乎赋予了法国巨大的影响力。德国和欧洲经济共同体其他国家希望法国的政策符合自己的观点，因而原意妥协。

在欧洲经济共同体或十国集团内部的讨论未能使法国放弃对金本位制的信赖，也未使其反对任何新资产的设立。最初，大多数欧洲国家支持美国所倡导的新储备单位。但是 1967 年 4 月，一项和解协议在慕尼黑达成了。德国及其欧洲经济共同体成员国反而同意关注提款权或者信贷。[51]为了答谢这一重大让步，法国也同意支持十国集团在全球货币机制下扩大流动性方面的努力。[52]

法国放弃了自己绝对亲金本位制的立场。由此,确定新提款权机制的技术细节这一问题终于明朗了。谈判是旷日持久的。[53]美国仍坚持设立新储备单位的必要性,然而由于法国的妥协,欧洲经济共同体不再持这一观点。最终,各国同意设立具有储备单位和提款权或信贷两个特点的特别提款权(Special Drawing Rights, SDR)。

重新设立或偿还提款的条款明确了,以便将参与者在为期5年内所分配到的特别提款权的日常使用限制在70%内。[54]此外,按规定使用特别提款权的国家需缴纳利息,而且那些愿意以本国货币兑换特别提款权的国家会收取利息。重新设立提款、支付以及收取利息是信贷工具的特点。特别提款权也被新闻报道称为"纸黄金"。

的确,特别提款权的配额实际上是信贷额度,而信贷额度非常可靠地被视为参与国货币储备的一部分。负责谈判的十国集团主席、德国人奥特马尔·埃明格尔(Otmar Emminger)将特别提款权比喻为斑马。由于特别提款权作为信贷和储备单位的双重性,我们可以用"黑底白纹"或是"白底黑纹"[55]来描述特别提款权。

欧洲经济共同体的重要收获是国际货币基金组织决策规则的改变。其所达成的规则是:"对于一个基本周期内特别提款权分配的时间、数量和比例所作出的决定,参与国投票权85%的多数原则是应当的。"[56]国际货币基金组织的决策依据的是80%的多数原则,因此美国22%的投票权意味着有效的否决权。欧洲经济共同体将要求提升至85%的多数原则,那么欧洲经济共同体6个成员国也获得了否决权,因为这6国共同持有国际货币基金组织16%的投票权。[57]

1968年4月,关于设立特别提款权的《国际货币基金组织协定》拟定修正案被提交到国际货币基金组织董事会,5月便获得通过。1969年7月28日,这一修正案正式实施。当时拥有80%投票权的国际货币基金组织五分之三的成员国赞成这一修正案。[58]经过一些争论,1969年10月,董事会批准了一项计划,即在第一个3年周期内,特别提款权的分配总额大约为95亿。第一次分配被安排在1970年1月1日,其他分配被安排在1971年1月1日和1972年1月1日。[59]

结　语

特别提款权机制的建立是个制度化的尝试，而且使更自动的协作成为维系国际货币机制所必需的。然而，如随后的事件所表明的，特别提款权协定以及 1966 年国际货币基金组织配额的普遍上调事实上不足以维系布雷顿森林机制。德国的利益在于美国坚定地致力于北约建设，而且德国处于欧洲中心，是前沿防御阵地。这是化解美、法两国分歧的强有力的动机。最后，美国经受住了法国的挑战，仍然有很大的胜算。

注　释

1. Robert Solomon, *The International Monetary System, 1945—1976* (New York: Harper and Row, 1977), p.19.

2. 所罗门指出，"当时欧洲的黄金储备、美元储备下跌了四分之一"。Ibid., p.14.

3. 对于年表，详见 Ibid., pp.339—340。对英美贷款的艰难谈判，可见于 Richard N. Gardner, *Sterling-Dollar Diplomacy* (Oxford: Clarendon Press, 1956), pp.188—207。这些基金并非仅用于支付战争期间增加的英镑收支差额；美国认为英镑区国家应该与英国分担战争的成本，并且无偿地减少了英镑收支差额的款项(就这一点而言，美国将英国所欠的《租借法案》款项从 200 亿美元削减至 6.5 亿美元)。详见 Ibid., pp.204—205, 209。同样在美国的压力下，1947 年 7 月 15 日英国使英镑可兑换了，但是维护固定汇率制的尝试事实上是不可能的，而且 8 月 20 日外汇管制被重新实施起来。

4. Solomon, *The International Monetary System*, p.19.

5. 所罗门注意到，"在 1949 年至 1959 年期间，世界储备增长了 85 亿美元。其中，美国以向外国货币机构增加信贷的方式提供了 70 美元"。Ibid., p.31.

6. 在 1950 年至 1957 年期间，美国净黄金出口为 17 亿美元。黄金外流加速了，以至于在 1958 年至 1960 年期间产生了额外 51 亿美元的黄金净流出。Ibid., p.37.

7. 详见 Solomon, *The International Monetary System*。

8. 可兑换黄金的美元流至外国中央银行的账户上，扩大了所需的国际流动性，从而使外币兑换成为可能。仅 1958 年，国际流动性增加了 10 亿美元，新生产的黄金大约 7 亿美元,然而外汇 3 亿,主要是美元。详见 Lawrence A. Veit and Rona S. Woodruff, *Handbook of International Finance* (New York: National Industrial Conference Board, 1967) p.4。

9. 1947 年至 1959 年底,从国际货币基金组织的提款总额大概为 34 亿美元。详见 Solomon, *The International Monetary System*, p.30。

10. Ibid., p.16.

11. 所罗门指出,在 20 世纪 50 年代金融危机困扰着法国"法郎兑美元贬值了 29%"。1957 年 8 月,法郎贬值了 16.7%, 1958 年 12 月又贬值了 14.8%。详见 Ibid., pp.24—25, 340—341。

12. 详见 Ibid., pp.86—99。

13. Ibid., pp.151—165, 344—345.

14. Ibid., pp.341, 344—345.

15. 协调利率存在差异,其中一些国家提高利率,但是另一些国家降低利率。谋求更高回报(在风险和其他条件相同的情况下)的资本所有者倾向将资本从低利率的国家转至高利率的国家,这会增加或降低对目标货币的总需求,分别导致货币的升值或贬值。

16. 如下的认识当然调和了对不同贴现率的解释,即资本流动对不同的通货膨胀率也很敏感。因此通货膨胀率相对高的国家或许不会吸引国外资本,尽管其贴现率相对较高。

17. 通货膨胀所导致的购买力下降或许不足以由相对高的利率补偿。相对高的利率致使外国投资者从购买证券中获利。第二次世界大战以后,这一警告特别确切,当时通货膨胀率因国别而不同。

18. 据说苏联不愿在纽约存放美元存款,因此最初推进"欧洲美元"市场的建立。苏联认为,美国政府会设置障碍。苏联在伦敦持有可兑换黄金、有利息的美元存款,认为这增加了以防没收或冻结其资产的安全边际(margin of safety)。

19. Veit and Woodruff, *Handbook of International Finance*, pp.23, 26.

20. 领导工业发达国家的十国集团包括比利时、加拿大、法国、德国、意大利、日本、荷兰、瑞典、英国和美国。事实上瑞士是作为准会员参与。

21. 伦敦黄金总库的成员包括比利时、法国、德国、意大利、荷兰、瑞士、英国和美国。十国集团中并没有正式参与黄金总库的国家是加拿大、日本和瑞典。

22. 三方工作组与十国集团有所重叠,包括加拿大、法国、德国、意大利、日本、荷兰、瑞典、瑞士、英国和美国。

23. 详见 Robert W.Cox, "Politics of Money and Trade," in *International Organization*, ed. Cox(London: Macmillan, 1969), esp. p.43。

24. 对这一现象的早期讨论,可详见 Robert W.Russell, "Transgovernmental Interaction in the International Monetary System, 1960—1972," *International Organization*, Vol.17, No.4, Autumn 1973, p.439。有关在国际清算银行 1930 年之后所提供的制度背景中中央银行行长之间的合作,详见 Gianni Toniolo and Piet

Clement, *Central Bank Cooperation at the Bank for International Settlements, 1930—1973*(Cambridge: Cambridge University Press, 2005)。可参照 Claudio Borio, Gianni Toniolo, and Piet Clement, eds., *Past and Future of Central Bank Cooperation*(Cambridge: Cambridge University Press, 2008)。

25. 详见 International Monetary Fund, *Articles of Agreement*, Article I。

26. Susan Strange, "The Meaning of Multilateral Surveillance," in Cox, ed., *International Organization*, p.245.显然,《国际货币基金组织协定》(1944 年)的第一条指出,该组织旨在"缩短成员国国际收支不均衡的持续时间,而且减轻其程度"。

27. 例如,美国和加拿大货币官员之间密切的跨政府联系并不足以缓和两者对国际收支问题的不同观点。详见 Gerald Wright and Maureen Appel Molot, "Capital Movements and Government Control," *International Organization*, Vol.28, No.4, Autumn 1974, esp. p.683。

28. 对于黄金总库,可详见 Toniolo and Clement, *Central Bank Cooperation at the Bank for International Settlements*, p.356, pp.375—381, 410—423; Borio, Toniolo, and Clement, *Past and Future of Central Bank Cooperation*, pp.46—47, 88—90。

29. 详见 J.Keith Horse field, *The International Monetary Fund, 1945—1965*, vol.I(Washington, DC: International Monetary Fund, 1969), pp.484—485。

30. Ibid., p.485.

31. 在设立一般借款协议的决策之前,与会国就国际货币基金组织在该协议中的角色展开了大量争论。颇有影响的国际货币基金组织总裁佩尔·雅各布森坚持将国际货币基金组织完全排除在一般借款协议之外,然而法国本应更喜欢这样的决议。国际货币基金组织总裁保留着"盘活一般借款协议的权力,但是实际决策权取决于十国集团。该集团在没有国际货币基金组织其他成员国的情况下与他会晤"。详见 Susan Strange, "IMF," in *The Anatomy of Influence*, ed. Robert W.Cox and Harold K.Jacobsson(New Haven: Yale University Press, 1973), pp.263—297。可参照 Horsefield, *The International Monetary Fund*, vol.I, pp.510—514。

32. Horsefield, The International Monetary Fund, vol.I, p.483.

33. Ibid.

34. "罗萨债券",得名于财政部副部长罗伯特·V.罗萨,是美国财政部"以特定的利率向外国货币当局出售的以美元标价的债券"。详见 Solomon, *The International Monetary System*, p.40。对各种金融应急手段的讨论,可参见 Robert V.Roosa and Fred Hirsch, *Reserve, Reserve Currencies, and Vehicle Currencies*, Princeton Studies in International Finance no.54 (Princeton: Princeton University Department of Economics, 1966)。

35. 例如,"当美联储利用其他中央银行时,美联储一般会将收益用于兑换其他中央银行所持有的美元”，因此来避免它们向美国财政部挤兑黄金。按照这种方式，外国中央银行以本国货币取代了美联储“未保险的美元资产”的索赔。详见 Solomon，*The International Monetary System*，pp.41—42。

36. Horsefield，*The International Monetary Fund*，vol.I，p.484.

37. 概述英国年度对国际货币基金组织及其他国家中央银行负债的表，详见 Susan Strange，*Sterling and British Policy*（London：Oxford University Press，1971），p.261。

38. Ibid.，p.278.

39. 有 61 个国家使用了国际货币基金组织的信贷，有 46 个国家并未使用。

40. 详见 Horsefield，*The International Monetary Fund*，vol.I，pp.531—536。

41. 详见“Compensatory Financing of Export Fluctuations，” in Ibid.，vol.III，pp.422—457 和 IMF Report dated February 27，1963，in Ibid.，vol.III，pp.442—457。引证在第 455 页。在该工具下提款“一般不会超过成员国配额的 25%”，当然这一规定不在无争议的“黄金份额”提款之内。

42. 详见 Decision no.1477-(63-68)，February 27，1963，in Ibid.，vol.III，pp.239—240。

43. 详见“Compensatory Financing of Export Fluctuations，” in Ibid.，vol.III，pp.492—494。即便限制放宽了，欠发达国家仍对补偿性金融工具的限制性并不满意。最终在旷日持久的讨论之后，1976 年这一限制进一步被放宽了。

44. 在所罗门看来：“共同储备单位会按照与黄金的统一比率而被持有和使用；共同储备单位将由参与国在一致决定的基础上设立。共同储备单位按照参与国黄金储备的比例被分配给它们……由于共同储备单位按照黄金储备的比例分配，因此各国有动力将货币结余换成黄金，以此最大程度地提升其黄金储备……该计划在国际货币基金组织之外。”而且在很大程度上限于十国集团的成员国。详见 Solomon，*The International Monetary System*，pp.76—77。参照 Stephen D.Cohen，*International Monetary Reform*，*1964—1969*（New York：Praeger，1970），p.32。对于经济学家爱德华·伯恩斯坦（Edward Bernstein）来说，共同储备单位或者综合储备单位（Composite Reserve Unit）拥有相当于 1 金元（gold dollar）的价值（1/35 盎司的黄金），但是由 50 美分和其他数量不等的货币组成的。详见 Leland P.Yeager，*International Monetary Relations*（New York：Harper and Row，1966），pp.474—475。参照 Horsefield，*The International Monetary Fund*，vol.I，p.592。

45. 罗萨（Roosa）阐述了美国的地位。她是“1961 年至 1964 年美国国际货币政策的总设计者”。详见 Cohen，*International Monetary Reform*，p.43。

46. 关于赫希对罗莎的采访，详见 Jacques Rueff and Fred Hirsch，*The Role and the Rule of Gold*，Princeton Studies in International Finance no. 47（Princeton：Princeton University Department of Economics，1965）。

47. Ibid.，pp.55—56.这些是科恩（Cohen）而非季斯卡（Giscard）的言论。

48. Ibid., p.56.

49. 详见 Cohen, *International Monetary Reform*, pp.60—64。对照 Fred Hirsch, *An SDR Standard*, Princeton Studies in International Finance no.99 (Princeton: Princeton University Department of Economics, 1973), pp.4—7。

50. Cohen, *International Monetary Reform*, p.68.

51. Ibid., p.125.

52. Ibid.

53. 对于详细的讨论,可见于 Ibid.,特别是第五章。可参照 Solomon, *The International Monetary System*, ch.8。

54. 详见"Outline of a Facility Based on Special Drawing Rights in the Fund," IMF press release, September 11, 1967;转载自 Cohen, *International Monetary Reform*, pp.179—186; Horsefield, *The International Monetary Fund*, vol.III, pp.538—541, esp.V.4(b)(i)。

55. Cohen, *International Monetary Reform*, p.149.

56. 详见"Outline of a Facility Based on Special Drawing Rights in the Fund," III.5.A., Ibid., pp.179—186。

57. 详见《协定条款》的修正案,转载自 Horsefield, The International Monetary Fund, vol.I11, pp.521—534, esp. Art III.2/4, Art IV.7/8, Art V.7, Art XXIII.3, Art XXIV.4(d)。也可详见 Cohen, *International Monetary Reform*, pp.137—138, p.141; Joseph Gold, *Special Drawing Rights*(Washington, DC: IMF, 1970), pp.22—23。对于特别提款权体现了货币权力从美国向欧洲转移的精彩论述,可详见 Eugene A.Birnbaum, "A Simple, Sound Way to Repair the Monetary System," *Fortune* 77, No.6, June 1, 1968, pp.115—117, pp.158—162。

58. 详见 Horsefield, *The International Monetary Fund*, vol.I, pp.605—607。参照 Gold, *Special Drawing Rights*, p.10。

59. 特别提款权最初被界定为相当于可兑换黄金的美元,即一盎司黄金相当于 35 特别提款权或 35 美元。然而,这在对一揽子货币估值的情况下改变了。参与国之间转移的常用模式相当简单。需要外汇用以国际支付的国家将特别提款权交由国际货币基金组织,以换取自己所需的货币。国际货币基金组织从自身的储备中提供所需的外币(在这种情况下国际货币基金组织将所提交的特别提款权留在自身账户上),或者其要求另一国提供所需的外币而换取特别提款权。在后者中,特别提款权将留在该国的账户上。然而,当顺差国家所持有的特别提款权是其最初配额的 3 倍时,它们就无需以特别提款权换取货币了。国家以国际货币基金组织充当中间人,而且也有权利双边磋商特别提款权的转移问题。

第六章
维系美元首要地位
——从布雷顿森林体系到有管制的浮动汇率制

《史密斯协定》是“世界历史上最为重要的货币成就”。

——美国总统理查德·M.尼克松(Richard M.Nixon)

敝人致力于采用更为灵活的体系。该体系反映真实世界的多样性,在具体汇率安排下赋予国家更大的选择自由,只要这些国家按照所达成的国际行为准则行动。

——美国财政部长威廉·西蒙(William Simon)

在第二次世界大战之后的大多数时间里,美国持久的国际收支逆差是国际新流动性的主要来源,也是维系布雷顿森林机制的手段。美国投资者以此为其资本在海外找到了很多机会。海外军事开支及其他政府开支增加了美元在全球货币市场的供应。自始至终,美国一直保持贸易顺差。这对美国的产业和工会而言都很重要。

然而,贸易顺差所带来的资本流入远不及在欧洲、亚洲及其他地方的投资和政府所导致的资本流出。北约及其他对盟国的承诺、日常军事行动、在韩国和越南的战争和军队部署、其他相对较小的意外事件的及时应对大量消耗着美国资本。庞大的美国经济——资本、科技及其武装力量所利用的技能——以及对美元的认可使美国成为唯一有能力在世界范围内开展及时且持久性作战行动的国家。美元作为世界上最重要货币的地位在经济上、政治上赋予美国以特权，而且使那些需要美国协防的国家获益。

其他国家对美元的认可也促进了美国公司和其他利益者的投资和技术转移。美国普通公民享有国外旅游的自由，不受外汇管制的约束。外汇管制会限制其购物和投资。最终，美国政府为用以对外政策和国家安全目的的海外开支提供资金，从美元的地位中获得独特优势。美元是国际商业中所使用的关键货币，也是世界上主要储备货币。在美国决策者看来，这一收益显然超过了货币储备逐渐下降的成本。货币储备的下降是由旷日持久的国际收支逆差所致。

美国首要地位受到挑战

20 世纪 60 年代，美国的首要地位开始受到挑战，特别是 20 世纪 60 年代末。除了对欧洲、日本、韩国及其他国家的承诺之外，美国越南战争的开支也极大地加剧了国际收支逆差。美国官员日渐抱怨领导所担负的负担，包括美国在布雷顿森林机制下维护 35 美元兑换 1 盎司黄金的责任。

其他国家的经济增长、发展水平及货币的外汇价值致使美元估值过高。[1]这种高估增大了美元的购买力，由此美国政府海外开支的预算成本会低于其购买相同货物和服务本应付的成本。进口对美国人而言比较便宜，而且他们将美元更多地投向海外，但是与这些优势伴随而来的是较高的国内成本。由于从国外公司进口比较便宜，国外公司相对于美国厂商更有竞争优势。此外，当美国产品和服务相对于国外竞争者更贵时，美国出口市场的份额也下降了——这有损资本和劳工的利益。

鉴于美元作为全球货币机制中货币兑换率计价标准(numeraire)——作为计价单位的地位，人们仍然很不情愿地使美元贬值(即将 1 盎司黄金的价格升至超过 35 美元，然而 35 美元这个标准是富兰克林·罗斯福总统在 1934 年所确定的)。不过由于美国贸易平衡的恶化，受外国竞争所害的工会、产业以及零售商所施加的国内压力增大。当美国制造的产品能够在国外市场上竞争成功时,产业和劳工从自由贸易中受益,但是被高估的美元使维系出口市场份额变得困难,即便这并非不可能。实际上,美国劳工总会与产业劳工组织(AFL-CIO)改变了其支持自由贸易的立场,反而支持保护主义的立法。这表明改变政策过程的国内压力增大了。

外国政府也日渐不愿接受超过其央行储备需求的美元,特别是因为大量美元流入也对其国内经济有潜在的通货膨胀影响。由于这种想法,1971 年上半年,加拿大和德国允许其货币币值上浮,以阻止大量美元流入。欧洲经济共同体,尤其是法国和比利时相当多地讨论了设立双重机制等各种外汇管制措施。在双重机制下,用以常规贸易的美元币值与布雷顿森林体系的规则相一致,但是为了其他目的,应允许美元币值浮动。[2]

这些国外和国内政治压力迫使美国重新考虑其所倚重的布雷顿森林机制。不同于 20 世纪 40 年代末、50 年代初美元短缺的情况,由于越南战争及其他安全开支、进口和海外投资,美元当时过剩了,因为上述情况增加了美元的总供应量,超过了全球市场对美元的总需求量。

然而,相比其他任何一个因素,美国贸易地位的下降或许影响到美国对相对成本与收益的看法。[3]自从 19 世纪第一次贸易逆差以来,美国的贸易平衡和收支平衡在当时都是逆差——由此,美国资本不断净流出。在 1971 年 8 月 15 日一次出乎意料的声明中,理查德·尼克松总统终止了官方出售黄金,允许美元在全球货币市场中下浮,而且对所有进口商品征收 10%的额外费用,事实上单方面终结了布雷顿森林机制。虽然最初加拿大和德国浮动其货币的决定象征着布雷顿森林机制的逐渐瓦解,但是该机制被领导国美国抛弃了。这才意味着该机制寿终正寝。

在随后的数月中,谈判者寻求一个协作性安排以恢复布雷顿森林机制,即便对该机制进行一些修改。特别是,该共识大意是说,在新机制下,汇率在某种程度上必定更加灵活,与此同时也提供稳定性。稳定性被视为是全球层面上的贸易及其他金融交易所必不可少的。

谈判所磋商的机制最终在华盛顿特区的史密斯学会达成。尼克松总统称之为“世界历史上最为重要的货币成就”。这有些夸张,因为史密斯机制相对而言是一时的。汇率重新调整,而且各方货币浮动的范围从 1%

升至 2.25%。然而,这些措施并没有阻止对美元的严重投机行为,而且 1973 年 3 月的《史密斯协定》也被抛弃了。

恢复浮动汇率制的做法并不被视为解决布雷顿森林机制所面临的问题、在《史密斯协定》下尝试性措施的长久之计。不过 1975 年 11 月,在法国朗布依埃召开的峰会上对新机制的灵活性达成了一致意见。1976 年 1 月的《牙买加协定》敲定了细节,而且正式确定下来。在这个新机制下,各国政府——经由各自的中央银行而行动——以协作性行动管理汇率的浮动。

合作性安全出现了新的转折。贸易、投资、其他商业形式以及政府用以安全和其他方面的开支仍将存在。相对于固定平价(fixed parities)来讲,所管理的货币的价值涉及市场力量。财政部和中央银行的市场干预——努力协调性地买卖彼此的货币——为货币市场提供一些稳定性。经济安全和国家安全是强有力的动因,使得资本管理者当局达成共识,支持有管理的浮动汇率制——应对在其看来不利于各种商业的、由市场所造成的动荡。

相悖的看法

如果从 20 世纪 60 年代、70 年代初美国的经验中所学到的成果是汇率需要更大的浮动,那么这与 20 世纪 30 年代的记忆相左。当时,浮动汇率制导致货币竞相贬值以及国际经济萧条。在 20 世纪 50 年代至 60 年代期间,经济学家为改革、修改或大幅调整国际货币关系所遵循的规则和方法提出了大量建议。罗伯特·特里芬(Robert Triffin)、麦斯威尔·斯坦普(Maxwell Stamp)及其他学者[4]与倡导为汇率的集体管理而发展制度性手段的那些人士[5]设计了各种增加国际流动性的计划,最接近于凯恩斯的观点。然而,这些方案确实并不足以解决长期存在的国际收支逆差问题。主要参与国在商业和安全事务方面不间断的开支造成了国际收支逆差。

大概40年前两次世界大战期间的经验历久弥新,促使货币当局要求改革,以集体行动寻求良方,避免重回大萧条时代破坏性的单边主义。它们有一系列措施,以备决策者谋求增加储备或减轻流动性短缺——按照从最符合自由主义原则到最不符合自由主义原则的谱系排列如下:(1)设立新的(并且扩大当时的)信贷额度;(2)贬值或鼓励其他国家协调性地使其货币升值,进而使汇率符合市场预期;(3)制定工资和价格管制措施或促使其他国家以更具扩张性的财政政策和货币政策走更加通货膨胀的路;(4)征收关税或设计其他壁垒以抑制进口或促使其他国家减少其贸易壁垒——在大多数资本所有者、管理者看来,这是重回20世纪30年代"以邻为壑"的政策;(5)如战时那样设立外汇管制——最不合适的选项,因为这会对国际商务和资本全球流动产生不利影响。

米尔顿·弗里德曼(Milton Friedman)的货币学派以及持相同观点的其他学者反对过去25年中在国际货币事务中存在的他们所认为的凯恩斯主义和新凯恩斯主义制度建设,反而认为国际货币事务交由市场解决更为合适。弗里德曼直言不讳地支持当时自由放任的国际货币政策,倡导自由浮动汇率制。在这种机制下,调整理论上是"自发的",而且货币储备并非必要的,因为政府允许市场力量决定汇率。在市场交易所形成的均衡价格上,理论上货币短缺的现象或货币过剩的现象并不存在。[6]循此思路,中央银行的货币当局无须(或者不应该)干预市场。如果它们干预了市场,那么"自然"均衡之外的汇率由此产生,而且货币过剩或货币短缺的现象也会出现。

至少可以说,并非所有人都同意这种理想的建构,更不用说其用作国际货币新机制的基础。为了弗里德曼的计划得以实施,国家和国际货币当局必须坚守其自由放任的意识形态立场。实际上,美国财政部前副部长罗伯特·罗萨(Robert Roosa)在与弗里德曼的辩论中评论道:"有能力管制自己汇率的国家实际上不会允许其汇率浮动。"[7]换言之,政治现实质疑着自由放任经济理论的应用。

因此,在布雷顿森林体系瓦解后(以及尝试挽救该体系的《史密斯协定》失败后)的40多年内,所采用的浮动汇率制都是有管理的浮动制。在这一机制下,中央银行定期干预全球货币市场。这一有管理的浮动汇率制被意识形态纯粹主义者(ideological purist)称为“肮脏浮动”(dirty floating)(相较于以往弗里德曼等学者所倡导的纯粹自由浮动汇率制而言),取决于在商业利益与安全利益有联系的不同国家的财政部官员与中央银行行长之间建立的多边共识。合作性安全取决于协作性措施。

全球层面的大量资本流动使大多数单边行动无效。当货币当局之间的多边共识支持扩大信贷额度与国际借贷,设立货币互换安排,为了阻止特定货币币值的下跌而协调买卖,或者卖出以避免不必要的增值时,成功与否都是无法保证的。除了这种短期干预外,促使美元贬值或欧元升值的协作性努力不仅需要中央银行行长之间的合作,而且需要财政部官员的政治权威。

不过即使浮动汇率制是有管理的,但相比布雷顿森林体系的固定汇率制,浮动汇率制的确为政府官员的独立或自主行为提供了更多的机会。政府官员以此为对外政策和国家安全提供海外开支。当开支超过了贸易和其他资本流入所带来的净收益时,会根据外汇价值对“价格”施以下行的压力。相比固定汇率制下的压力,这些压力在浮动汇率制下更易于应付。

且不论政体类型,当在特定国家的经济角色或对外政策方面开支所说明的重要性上共识大致达成时,货币当局更倾向寻求集体的补救方法。经济角色或对外政策开支也服务于其他国家的商业利益或安全利益。在冷战的前25年期间,情况就是这样。美国维系着美元的官方黄金平价,日渐开放本国市场,因为美国寻求跨境贸易与投资更加自由化,为其提供大量海外国防开支。海外国防开支不仅符合美国安全利益的需要,而且符合北约及其他盟国安全利益的需要。

虽然在一些问题上存在着分歧,但是安全目标方面这一广泛、多边共识一直持续到冷战的后20年及之后。当有必要维系后布雷顿森林体系的浮动汇率机制时,维系美元作为关键货币角色的承诺和安全共识促使货币当局努力采取集体行动。

因而有管理的浮动汇率制减少了汇率协调方面国际合作的需求,但是绝非消除了这一需求。虽然纯粹自由放任论者颇感失望,但是那些赞成调节市场力量的人士认为,有管理的浮动汇率制仍然更为可取,相比固定汇率制而言。事实上,这种观点在很大程度上指导着美国决策者在后布雷顿森林体系时代机制建设中的政策选择。

但美国对浮动汇率制的这种偏好并非被普遍认可。其他重要参与国并不主导进程,更不用说支配国际货币新机制的条款了(如美国在布雷顿森林体系时的行为),却以不同的观点质疑着美国官员。例如,法国主张建立以金本位制为基础的国际货币机制,因为执政的政治保守派反感不能兑换的纸币,特别是鉴于法国主权货币贬值的不良经历。如前、后章节所述,法国的立场也反映出法国希望在某种程度上削弱美国决定性的优势。美国这一优势来自美元作为关键货币、计价单位以及主要储备资产的角色。

如上述章节所考察的,19 世纪、20 世纪初的金汇兑本位制实际上从未如倡导者所宣称的那样会进行自发调整。然而,那些在意识形态上致力于以黄金为国际货币币值标准的人士几乎没有关注这一事实。此外,法国和其他地方的许多私人黄金持有者承受着国内政治压力,认为自己因黄金非货币化(demonetization of gold)而受损。

法国政府官员也认为,重回金本位制或许是一种将国际货币约束强加给美国的手段。美国倾向以对外政策和国家安全为目的在开支方面实施单边主义。大量美国开支用以支持自己在印度支那——法国曾经的势力范围——的行动。鉴于 20 世纪 50 年代初,法国未能确保其殖民地时美国并未予以支持,因而美国上述开支使法国苦恼不已。要求美国以黄金付款的做法使美国不会如此轻易地忽视国际收支方面的考量。这将会约束着美国——或者如一些美国人所描述的,美国以“善意的忽视”而应对。因此,法国重回金本位制的倡议对美国领导权也是个政治挑战,不仅在国际货币事务中,而且在商业和安全事务中。

如 20 世纪二三十年代马克贬值的经历所强调的,德国人根深蒂固的思想使其更同情法国对货币贬值的担忧,特别是当政府开支引起通货膨胀时。即便他们知道自身的安全有赖于美国和其他北约国家,但是这并不会使德国官员不抱怨美国海外美元支出所造成的流动性过剩。德国当时并不想挑战美国对盟国和国际货币机制的领导地位,然而法国却会这么做。这些抱怨仅是德国不断抵制美国或其他大幅海外支出的国家将通货膨胀“出口”至德国的部分努力而已。

德国并不倾向恢复金本位制。当然，德国保守的财政和货币政策使其抑制国内开支，因此降低了通货膨胀的可能性。在德国看来，长期陷入国际收支逆差的国家本应实施至少温和的通货紧缩政策（紧缩的货币和财政政策），以进行所需的调整。

与其利益观相一致的是，德国认为调整的负担本应该主要由逆差国承担，但这并不奇怪。实际上自战后复兴以来，德国一直是“经久不衰的”顺差国。鉴于其出口产业所带来的政治压力，德国政府并不愿高估其汇率或采取减少其贸易优势的其他措施。

相比之下，美国和英国——20 世纪 60 年代、70 年代初国际收支逆差，而且其短期负债经常超出其短期资产——认为，“经久不衰”的顺差国应该承担调整的负担。实际上，由此美国敦促德国、日本等顺差国重新高估其汇率以减轻美元和英镑所面临的压力。

美国和英国的货币政策精英寻求一种允许汇率变化以维系两国商业竞争力的国际货币机制，以回应劳工和特定的出口产业所带来的国内政治压力。劳工与特定的出口产业因美元升值而受损。大多数资本所有者、管理者支持国际贸易与投资环境持续不断地自由化。鉴于此，英美两国的政策精英显然更青睐这一承诺，以免他们因国内压力所迫而采取保护主义措施。

美国的自由主义偏好意在国际货币新机制中维持一个更加开放的商业世界，而且使其在对外政策与国家安全政策实施过程中最大限度地维持自身的自主性或独立。这显然与美国的首要偏好相一致，即最小政府在商业事务中调节着私人部门。然而，这一观点与法国的观点形成鲜明对比，因为法国经济决策者认为政府规划以及干预是必要的。

美法争论

美、法两国在固定汇率制与浮动汇率制方面的争论最显而易见地展现了这些不同的观点。固定汇率制对商人及官僚规划者而言有潜在的回报,即减少有关商业交易的不确定性。另一方面,维系固定汇率制要求政府更多地干预货币事务。虽然政府更多地干预以维系以黄金为基础的固定汇率制,对法国而言无关紧要,但是这与当时美国的偏好背道而驰。美国偏爱以市场为基础的货币机制。在这一机制中,政府进行最低限度地干预,更不用说管制了。

美国财政部长威廉·西蒙在建立国际货币新机制的过程中代表了美国的官方观点。在1976年国际货币基金组织/国际复兴开发银行在华盛顿举办的年会上,西蒙向129个参会国阐明了美国立场:

> 难以为继的逆差国应该诉诸内部稳定,同时以汇率变化**回应市场力量**(着重强调);趋于顺差的国家不应该仅仅累积外汇储备,而是需要允许其汇率浮动以便与其他国家的根本性调整相一致。[8]

对于西蒙而言,相比固定汇率制,有管理的浮动汇率制与其对以市场为基础的机制的偏好更为一致,无论这一浮动汇率制是否与黄金挂钩。在他看来,美国及其他国家货币官员的市场干预一般应该限于应对货币币值短期的“不合理”调整,而非妨碍“潜在的经济环境”[9]所支配的调整。

如同货币官员日常的磋商一样,这一有限度的管理是必要的,代表了西蒙在某种程度最初立场的妥协。在担任财政部长之前,西蒙一直担任时任财政部长乔治·舒尔茨(George Shultz)的副部长。1973年3月,一时的史密斯机制显然崩溃了,因此西蒙以差不多与弗里德曼一样的方式倡导浮动汇率制。西蒙告诉舒尔茨:“市场是理性的而非感性的。市场或许一天天地不断变化,远离了最初的状态。但是这些变化会安稳下来,反映出基本力量。这正是你所想要的。”[10]

当然,市场决不会自己安稳下来。只有政府干预——“肮脏浮动”——可以促成所预期的汇率稳定。在经历浮动汇率制之后,美国商界越来越反对美元的“纯粹浮动”。这显然表明汇率相对不稳定。1975年年中刊发在《华尔街日报》的社论指责财政部“无视经验”就反映了上述观点。[11]社论者承认,他们“最初明智地接受浮动汇率制”,但是他们指出“浮动汇率制实际实施后不知为什么世界经济并没有更为健康”。

他们进而指出，“在理论上，浮动汇率制的优势在于每个国家有机会采取自己的货币政策而不受国际条件的支配”，但是“在实践中这一优势”事实上“是不切实际的”。无论是汇率或利率还是资本流动，货币相互依赖被视为对更大程度的政策协调有决定性影响。在谈及“集体管理”的需要时，社论者断言，美国“和其他发达国家处在一个复杂体系之中，在这一体系中，任何单一国家不能独自管理”。

《华尔街日报》呼吁恢复固定汇率制和国际货币关系的集体管理。对此，西蒙断言：

> 敝人致力于采用更为灵活的体系。这一体系反映真实世界的多样性，赋予各国在具体汇率安排中一个更大的选择自由，只要这些国家依据所达成的国际行为准则行事。此外，在敝人所致力于的体系中，黄金的作用下降了，以此可减轻黄金对货币体系的负面影响。[12]

此外，他补充道，恢复“僵化的、以金本位制为基础的国际货币”机制当然会“破坏国际贸易和投资，有损美国和其他经济体”。

两位经济学家——米尔顿·弗里德曼、戈特弗里德·哈勃勒(Gottfried Haberler)——参与到资本管理者的这场国际争论中，与《华尔街日报》及其他固定汇率制的倡导者论战。弗里德曼与哈勃勒在多个理论观点上与《华尔街日报》争论。[13]这反映了法国与美国的争论。这一评论的动机在弗里德曼的评论中尤其显而易见，即《华尔街日报》观点中的“‘谬见’极其不利于经济自由。通常《华尔街日报》是为数不多的、有效地捍卫经济自由的辩护者之一”。

固定汇率制使政府干预市场成为必要。在弗里德曼看来，政府干预的程度是经济自由的缩影，因此应该加以避免。虽然他最初偏爱“自由浮动的汇率机制”，但是他认为一个“有管理的浮动汇率制”是“大大优于布雷顿森林机制”。有管理的浮动汇率制：

> 使世界业已良好的状态经受住政治和经济动荡。毫无疑问，这

些动荡在最初的体系中会引发重大危机。这使世界在没有“以邻为壑”政策的情况下陷入广泛的经济衰退。当然,这并没有消除国家间相互依赖的状态。这种相互依赖是无法避免的,是令人满意的。浮动汇率制的最大优点恰恰是它提供了有效的缓冲器,由此减少过去数年动荡给专制统治带来的压力。

因此,美国、法国有关固定汇率制、浮动汇率制的争论都受到美国金融界和学术界的关注。鉴于与正在考虑的替代性货币机制有关的不确定性,先前的理论认识和从“教训”所汲取的经验是特别重要的因素,影响着政策选择。

虽然财政部长西蒙是美国政府对这一问题的官方发言人,[14]但是他的观点并非与美国官员的观点完全一致。例如,美国联邦储备委员会主席亚瑟·伯恩斯(Arthur Burns)显然并不像西蒙那样敌视官方干预或者金融市场监管。毕竟,中央银行行长通常并不是自由放任的信奉者。自由放任的信奉者敌视干预市场的观点,以确保其目标。然而,官方分歧不常出现在大众媒体面前,如同美国以一个(西蒙的)官方声音谈判一样。

最终,西蒙在与法国的辩论中妥协。如下所讨论的,朗布依埃的精神促成了《牙买加协定》以及有管理的浮动汇率制的程序化或正式制度化。1973 年 3 月以后,有管理的浮动汇率制日渐变化着。[15]

有管理的浮动汇率的制度化

1975 年 11 月中旬,法国、德国、意大利、日本、英国以及美国的首脑在巴黎城外的朗布依埃举行会晤。在峰会后的联合声明中,六国作出如下声明:

对于货币问题,我们致力于更大的稳定。这涉及诸多努力,以在世界经济中基本经济和金融状况下恢复更大的稳定。与此同时,我们的货币当局会采取行动以应对无序的市场状况或汇率不稳定的波动。[16]

因此，六国首脑正式承诺致力于管理全球货币机制。

这一协作的方法体现在美国、法国两个主要倡导国之间各自的意见上。两国一直在争吵：美国支持自由或浮动货币市场，[17]但是法国倡导固定汇率制。固定汇率制意味着政府干预或管理。这些不同观点的意识形态基础对观察者而言是显而易见的。许多观察人士称之为“神学争议”。[18]

结果是一种妥协。汇率仍然是浮动的，但是当货币市场需要避免过度动荡时，货币当局会进行干预。十国集团财政部副部长的日常联系得以维系下来，以便协调中央银行对货币市场的干预。财政部长也将定期进行磋商。[19]因此，财政部官员保留着决策权。不过当协调一致的市场干预成为例行公事时，中央银行行长事实上在日常的这些关切上有更大的发言权。

在朗布依埃所达成的这一基本共识，为1976年1月初在牙买加召开的国际货币基金组织理事会的临时委员会奠定了基础。[20]数月前达成的很多协议被制度化了。由于《国际货币基金组织协定》修正案的批准，浮动汇率制合法化了。各方重申了最初的决策，即废除官方黄金价格，将国际货币基金组织的黄金储备减少三分之一，增加配额并修改投票规则以及设立特别信托基金[21]。信托基金意在从黄金出售中获益，以国际收支援助的方式将这些收益分配给最贫穷的国家或欠发达国家。[22]

然而，牙买加会议最为重要的成果在于《国际货币基金组织协议》修正提案中的一项正式声明。该声明强调，有管理的浮动汇率制原则是1973年3月形成的国际货币机制的核心。值得注意的是，有管理的浮动汇率原则涉及汇率政策的协调，具体而言意在避免20世纪30年代期间盛行的竞争性货币贬值。

因此，国际货币新机制为国家利益、贸易利益、资本投资利益提供了防范市场动荡更大的经济安全，与此同时，这也为用以对外政策和国家安全目的的开支提供更大的灵活性。换言之，相比布雷顿森林体系时代的相对固定汇率制，浮动汇率制更能够调节国际收支逆差。如美国当局所理解的，国际货币新机制显然服务于美国的目的。

维系机制——管理浮动汇率制的早期经验

严格地说,即便美国没有能力支配国际货币新机制的条款,但是毫无疑问美国的偏好在决定最终结果方面最具影响力。美国抵制重新实行固定汇率制,仅赞成以往实践中不断变化的货币官员之间协作的制度化。

在布雷顿森林体系时代,20 世纪 70 年代美国使其贴现率低于英格兰银行的贴现率,以鼓励资本流向英国而且以此支持相对疲软的英镑。十国集团中其他工业发达的成员国在很大程度上也允许英国维系最高的利率水平,以便增强英镑的国际地位。

如表 6.1 所示,联邦德国当局始终将其贴现率低于英国和美国的贴现率。除了为英国和美国货币提供帮助之外,这一政策也使联邦德国受益,因为这并不鼓励大量美元和英镑流入德国。相比之下,其他货币相对疲软的国家实施鼓励美元流入的利率政策,或者至少不会阻止。虽然这些利率政策用以服务国内经济目标,但是主要国家的利率也需要协调以支持相对疲软的货币,因此有助于在全球层面维系有管理的浮动汇率制。

表 6.1 中央银行协调贴现率以管理汇率(1972 年至 1976 年)
(所有比率按照百分比统计)

国　家	1972 年	1973 年	1974 年	1975 年	1976 年
英　国	9.00	13.00	11.50	11.25	14.25
美　国	4.50	7.50	7.75	6.00	5.25
联邦德国	4.50	7.00	6.00	3.50	3.50
奥地利	5.50	5.50	6.50	6.00	4.00
比利时	5.00	7.75	8.75	6.00	9.00
加拿大	4.75	7.25	8.75	9.00	8.50
丹　麦	7.00	9.00	10.00	7.50	10.00
法　国	7.50	11.00	13.00	8.00	10.50
意大利	4.00	6.50	8.00	6.00	15.00
日　本	4.25	9.00	9.00	6.50	6.50

续表

国　家	1972 年	1973 年	1974 年	1975 年	1976 年
荷　兰	4.00	8.00	7.00	4.50	6.00
挪　威	4.50	4.50	5.50	5.00	6.00
瑞　典	5.00	5.00	7.00	6.00	8.00
瑞　士	3.75	4.50	5.50	3.00	2.00

注:对于贴现率差异的解释必定因某些认识而冲淡了,即资本流动对不同的贴现率也很敏感。因此,通货膨胀率相对较高的国家或许不会吸引外国资本,尽管该国家拥有较高的贴现率。由于通货膨胀,相对更高的利率不足以补偿购买力的损失,尽管这会使外国投资者从购买债券中获益。自第二次世界大战以来,这一警告特别贴切。在第二次世界大战时,通货膨胀率因国别而截然不同。

资料来源:IMF, *International Financial Statistics*, March 1977。

浮动汇率制的倡导者指出了将储备需求降到最低限度但并非完全不要储备的理论优势。在这一机制下,调整是自发的——交由市场力量。然而事实上货币官员定期干预金融市场,因而影响着他们所管理的汇率。毫无疑问,货币官员并未将货币事务完全交由市场,仍需要储备和信贷。当然,当他们努力进行多边协调时,他们当然会更有效地干预。

因此一般而言,自由浮动汇率的理想机制中的自发调节并不存在。对汇率的有效管理需要在使用储备、货币买卖中的信贷额度方面达成共识。货币买卖则服务于商业利益和安全利益。这是个多边的、在本质上是政治性的进程。

1976 年、1977 年十国集团的成员国、欧洲经济共同体以及国际货币基金组织向英国、意大利提供了数十亿美元的贷款和信贷,以支持两国疲软的货币。国际货币基金组织多次出售黄金,将其中一些收益用于支持欠发达国家的专项基金。由于进口石油的开支大幅攀升,1974 年国际货币基金组织设立了石油贷款以帮助逆差国,但是在筹资方面并不太成功;国际货币基金组织并没有成功地筹集到足够多的捐款(到 1976 年 1 月只筹集到 45 亿美元),因而 1976 年 4 月宣布计划取消该贷款。

因此,对多边协作的承诺程度是有限的。双边安排而非多边解决措施涉及诸多石油输出国组织成员国的贸易协定及其决策。石油输出国组织的成员国以此从对美国和其他工业国的石油(石油美元)销售中获得资本收益。虽然工业国有能力应对收支困难的问题,但是欠发达国家、低收入国家并不如此幸运。因此,它们对国际机构、私人借贷机构的债务显著增加。

1976 年,国际货币基金组织对所有国家的配额从 292 亿特别提款权增加到 390 亿特别提款权。当时从一般账目和特别提款权中提取的提款、补偿性信贷以及石油贷款达到了创纪录的水平。如表 6.2 所示,低收入国家显然特别依赖国际货币基金组织的贷款机制。1975 年至 1976 年期间补偿性提款增长了 10 倍,主要因为这类提款的资格原则放宽了。如表 6.3 所示,这些欠发达国家也极其依赖国际货币基金组织的特别提款机制。

表 6.2 后布雷顿森林体系时代的早期协作:1972 年至 1976 年补偿性提款和国际货币基金组织石油贷款情况(百万特别提款权)

国家/地区	补偿性贷款					石油贷款		
	1972 年	1973 年	1974 年	1975 年	1976 年	1974 年	1975 年	1976 年
澳大利亚					332.5			
芬兰							71.3	115.1
希腊					58.0	36.2	119.0	
爱尔兰					11.5	15.5	10.1	13.6
意大利						675.0	780.2	
新西兰				50.5	101.0	85.7	106.1	46.9
葡萄牙					58.5			114.8
罗马尼亚					95.0			
南非					160.0			
西班牙							496.2	75.9
土耳其				37.8	37.8			169.8
英国								1 000.0
南斯拉夫						139.0	16.2	185.5
拉丁美洲	151.5		18.3	110.0	537.4	156.1	306.1	156.1
中东	12.5	49.9			174.5	15.7	152.1	61.1
亚洲	88.2	63.6	82.9	3.8	436.6	462.7	577.3	187.2
非洲	47.2		6.0	37.0	305.3	130.0	238.9	95.7

资料来源:IMF, *International Financial Statistics*, February 1977。

表 6.3 机制内的协作:1970 年至 1976 年特别提款权的使用者及接受者
(按照国际货币基金组织最初对参与国特别提款权的分配加以统计,单位:个)

	1970 年	1971 年	1972 年	1973 年	1974 年	1975 年	1976 年
工业国	106	108	106	107	110	112	113
其他发展中国家	77	70	82	84	64	59	44
欠发达国家	56	57	62	65	66	60	57

注:特别提款权的使用者是那些将其在国际货币基金组织的账户中的特别提款权交出以换取外币的国家,因而如上表所示,其比例低于 100%,即低于其最初的配额。特别提款权的接受者意指那些接受特别提款权以便于其他国家换取本国货币的国家;如上表所示,其比例高于 100%,即高于其最初的配额。

上表中 1975 年、1976 年欠发达国家的数据分别包括石油输出国组织 80% 和 88% 的数据。在创立之初的 93.15 亿特别提款权中,到 1976 年 12 月 31 日,有 66.3%的特别提款权归属工业国。相比之下,其他发展中国家仅占 8.5%,欠发达国家则占 25.2%。详见 IMF, *International Financial Statistics*, February 1977。截至 1976 年末,特别提款权交易总额超过 90 亿——在该机制形成的最初 7 年中,年均大概交易 13 亿特别提款权。

资料来源:IMF, *International Financial Statistics*, Various issues。

最终,货币当局表示愿意继续接受美元及其他外汇,往往超过其储备需求。如表 6.4 所示,在国际货币机制层面上持有美元及其他货币储备的趋势不断增大,然而黄金占国际货币机制内全部流动性的比例下降了 45%。特别是,当时将美元作为储备的趋势日渐增大(见表 6.5)。

表 6.4 1971 年至 1976 年国际货币机制层面的流动性/储备
(特定年份中资产占总流动性的百分比)

储备资产	1971 年	1972 年	1973 年	1974 年	1975 年	1976 年
黄 金	29.1	24.3	23.4	19.7	18.3	16.1
特别提款权	4.8	5.9	5.8	4.9	4.5	3.9
国际货币基金组织中的现金准备金头寸	5.2	4.3	4.1	4.9	6.5	8.1
外 汇	60.9	65.5	66.8	70.4	70.7	71.8
总 计	100.0	100.0	100.1	99.9	100.0	99.9
合计(十亿特别提款权)	123.2	146.5	152.2	180.2	194.3	219.4

注:欧洲货币的借出相当多,仅 1976 一年提取额为 260 多亿美元。其中,一半(140 亿美元)以上是欠发达国家借入的。

资料来源:IMF, *International Financial Statistics*, March 1977, pp.21—25。

表 6.5　与美国的协作:美国债务(十亿美元,1972 年至 1976 年)

	美国欠其他国家中央银行和政府的债务	欠加拿大	欠西欧国家	欠亚洲国家
1972 年	61.50	4.28	34.20	17.57
1973 年	66.80	3.85	45.72	10.88
1974 年	76.66	3.66	44.18	18.61
1975 年	80.65	3.13	45.68	22.51
1976 年	87.65	2.41	44.02	33.86

资料来源:IMF, *International Financial Statistics*, Various issues。

这些数据强调美国在全球货币机制中仍处于卓越地位。然而,如表 6.6 所示,大概每 5 个国家就有 2 个国家仍将其货币钉住美元。美国仍处于卓越地位的强有力证据是其他国家仍以美元界定自身货币(汇价)的程度。表 6.6 是截至 1976 年中,国际货币基金组织成员国界定其货币(汇价)的多种路径。

表 6.6　国际货币领导

将其汇率钉住某种货币的国家:
A. 钉住美元:55 个国家
阿根廷、巴哈马、巴林、巴巴多斯、玻利维亚、博茨瓦纳、巴西、布隆迪、智利、中国、哥伦比亚、哥斯达黎加、多米尼加共和国、厄瓜多尔、埃及、萨尔瓦多、埃塞俄比亚、加纳、危地马拉、圭亚那、海地、洪都拉斯、印度尼西亚、伊拉克、以色列、牙买加、韩国、老挝、莱索托、利比里亚、利比亚、墨西哥、尼泊尔、尼加拉瓜、阿曼、巴基斯坦、巴拿马、巴拉圭、秘鲁、罗马尼亚、卢旺达、索马里、南非、苏丹、叙利亚、泰国、特立尼达和多巴哥、阿拉伯联合酋长国、乌拉圭、委内瑞拉、阿拉伯也门共和国、也门民主人民共和国、扎伊尔、赞比亚
B. 钉住法郎:13 个国家
贝宁、喀麦隆、中非共和国、乍得、刚果(布)、加蓬、科特迪瓦、马达加斯加、马里、尼日尔、塞内加尔、多哥、上沃尔塔(布基纳法索的旧称)
C. 钉住英镑:4 个国家
孟加拉国、冈比亚、爱尔兰、塞拉利昂
D. 钉住欧洲货币浮动机制:7 个国家
比利时、丹麦、联邦德国、卢森堡、荷兰、挪威、瑞典
E. 钉住特别提款权:11 个国家
缅甸、几内亚、伊朗、肯尼亚、马拉维、毛里求斯、卡塔尔、沙特阿拉伯、坦桑尼亚、乌干达

注:除了表 6.6 所示的国家外,其余 38 个国家要么允许其货币独自浮动,要么根据其他安排界定其货币。

资料来源:IMF, *Annual Report*, 1976, pp.70—73。

表6.6的数据描绘了法国有能力与其前非洲殖民地保持货币密切联系的程度。相比之下，英国的货币影响显著下降了。就此而言，20世纪六七十年代英镑区开始解体了，与英国1964年所作出的在7年内从除了中国香港以外的苏伊士以东地区撤军的决策相吻合。从伦敦英镑余额的提取进一步引发了货币问题。在大英帝国衰落的最后阶段，货币问题困扰着英国。[23]

结　　语

布雷顿森林机制下的固定汇率制(及其对美国决策者的挑战)最终让位于更具弹性的汇率制。当时财政部与中央银行并未干预以维系相对固定的汇率(在法定平价1%的范围内浮动)，反而汇率随市场供求而波动。货币当局协调其干预以抑制大幅波动。事实上这提升了美国及其他国家决策者决策的自由，然而这些决策者以往受制于布雷顿森林机制下相对固定的汇率制。仅仅以货币币值稍微下跌的方法就能够轻易地为不断增加的政府海外开支，特别是为用以战争与不那么重要的意外事件的开支提供资金。只要美国的信誉度及美元的接受度并不处于危险的境地，国际货币新机制有助于美国为对外政策及国家安全的大量海外开支提供资金。

注　释

1. 在1959年至1971年期间，美元兑换其他国家货币的币值大概升值了4.7%。详见 Alfred E.Eckes, Jr., *A Search for Solvency*(Austin: University of Texas Press, 1975), p.257。

2. 1971年，法国的确实施了这种双重机制，区分了"用于商业"的法郎与"用于金融"的法郎。详见 Michael J.Brenner, *The Politics of International Monetary Reform*(Cambridge, MA: Ballinger Publishing Company, 1976), pp.29, 58。

3. 虽然20世纪60年代美国贸易平衡不断恶化，但是1971年之前美国一直是贸易顺差。然而，美国最大的负担是海外军事开支。详见 David P.Calleo and Benjamin M.Rowland, *America and the World Political Economy*(Bloomington:

Indiana University Press, 1973), pp.97—99。

4. 详见 Robert Triffin, "Excerpts from 'Gold and the Dollar Crises,'" in *World Monetary Reform*, ed. Herbert G.Grubel(Stanford: Stanford University Press, 1963), pp.15—54。该文是下书的缩写,即 Triffin, *Gold and the Dollar Crisis*(New Haven: Yale University Press, 1961)。后来他进一步修改了,参见 Triffin, *The World Money Maze*(New Haven: Yale University Press, 1966), pp.346—373。详见 Maxwell Stamp, "The Stamp Plan—1962 Version," in *World Monetary Reform*, ed. Herbert G.Grubel(Stanford: Stanford University Press, 1963), pp.80—89。

5. 例如,详见 James E. Meade, "The Future of International Monetary Payments," in *World Monetary Reform*, ed. Grubel, pp.307—316。

6. 所有这些假设,供给与需求的作用是有弹性的,因而对汇率——货币价格——而言是自由变动的。

7. 详见 Milton Fridman and Robert V. Roosa, *The Balance of Payments*(Washington, DC: American Enterprise for Public Policy Research, 1967), pp.49—50。

8. 详见 Charles N.Stabler, "IMF Members Warned on Using Credit to Hide Domestic Economic Weakness," *Wall Street Journal*, October 5, 1976, p.12。

9. 详见"Treasury Secretary Indicates U.S.Dollar to Continue to Float," *Wall Street Journal*, November 20, 1975, p.4。

10. 详见 Herbert Stein, "Fear of Floating," Wall Street Journal, June 30, 1975, p.10。当时(1973 年 3 月),斯坦恩当时仍担任经济顾问委员会的主席。对 1971 年至 1974 年期间事件的记载,可详见 John Williamson, *The Failure of World Monetary Reform, 1971—1974*(New York: New York University Press, 1977)。

11. 本段的引证,引自"World Monetary Reform," *Wall Street Journal*, June 16, 1975, p.10。

12. 这一引证以及本段的其他引证,引自西蒙致《华尔街日报》编辑的信,"Treasury Secretary Simon Replies," *Wall Street Journal*, June 16, 1975, p.10。

13. 详见致《华尔街日报》编辑的信,Milton Friedman, "Six Fallacies," and Gottfried Haberler, "Not That Simple," *Wall Street Journal*, June 30, 1975, p.11。

14. 在西蒙看来,即便是国务卿亨利·基辛格对这些事务公开表态时也与财政部长相配合。

15. 西蒙在致信《华尔街日报》中承认了设计国际货币新机制规则的渐进性。西蒙声称财政部一直试图"磋商国际货币安排的渐进式改革"。特别是,他反对"一次性地完全实施一个全新的国际货币体系",并指出"如若突然使用全新的国际货币机制,事实上这不会持久,而且会造成混乱"。

16. 朗布依埃联合声明的全文，详见 *London Times*, November 18, 1975, p.7。

17. 详见 1976 年 2 月 3 日、4 日西蒙的媒体声明。

18. 详见 Tom deVries, "Jamaica, or the Non-Reform of the International Monetary System," *Foreign Affairs*, 54, 3(April 1976), p.589。

19. 详见《华尔街日报》对这些安排的讨论，*Wall Street Journal*, November 18 and November 20, 1975。可参照 *Financial Times*, London, December 20, 1975。

20. 临时委员会在功能上继承了二十国委员会，形成于 1974 年秋。其章程与早期的二十国委员会一样，致力于国际货币改革。

21. 国际货币基金组织的资源使用权限增加到了配额的 145%，但是增加配额的修正案尚待批准。详见 deVries, "Jamaica, or the Non-Reform of the International Monetary System," p.599。

22. 对于信托基金运行的细节，详见 IMF, *Annual Report of the Executive Directors*, pp.111—117。

23. 1979 年，英镑区终了了。"当时英国取消了外汇管制，实施货币完全可兑换。"详见 Richard N.Cooper, "Almost a Century of Central Bank Cooperation," in *Past and Future of Central Bank Cooperation*, ed. Claudio Borio, Gianni Toniolo, and Piet Clement (Cambridge: Cambridge University Press, 2008), pp.84—85。

第七章
美元、欧元与合作性安全

遍及世界的金融瘟疫造成了越来越大的破坏。如中世纪时，瘟疫蹂躏了一个又一个国家。瘟疫经由老鼠传播，带来了失业、贫困、工业破产以及投机行为。巫医的疗法是使病人不再进食……那些抗议的人必定被清洗，然而那些幸存的人见证了巫医陈腐而占上风的教条以及盲目的霸权式利己主义的德行。

——墨西哥总统何塞·洛佩斯·波蒂略(José López Portillo)
(他批评国际货币基金组织将“新自由主义的调整”
方案强加给欠发达国家和低收入国家)

在国际事务上与其他国家的协作……是需要的，并不像保护他人那么地需要……是像保护自己那样需要……谦逊、心甘情愿的人员连同其他身处国际协作中而非在道德事业中自我吹嘘的领导人：美国应该愿意将自己的情感投射给他人，但是主要是投射给自己，因为充满不确定性和危险的21世纪即将降临到我们身上。[1]

——乔治·F.凯南(George F.Kennan)，美国外交官及对外政策学者

在大多数事务上——货币挑战——谋求多边解决措施对欧洲政策精英而言绝不陌生。上文所论述的19世纪末、20世纪的情况明确了这一点。的确，合作性安全的多边主义已经成为欧洲处理复杂议题的规范。

在这些议题中，欧盟国家内部或之间决策者的利益观往往大相径庭。实际上，这一规范是历经战争与和平的数个世纪社会建构而成的。在和平时期欧洲国家往往以多边主义行事。

当前，多边协作根植在决策文化中，成为参与国际事务的合法手段，而且是实现第二次世界大战后欧洲重建和经济发展的近期经济-安全目标的关键。欧洲国家不仅成为联合国(1945 年)的会员国，而且参与欧洲经济合作组织(OEEC)等专注于区域的实体。[2]欧洲经济合作组织主要是一个管理在马歇尔计划下美国所提供援助的多边制度，后来发展为总部在巴黎、关注全球的经济合作与发展组织。

在安全领域，制度化的多边主义因 1948 年的《布鲁塞尔条约》而确立。该条约以西欧联盟(Western European Union, WEU)连接整个欧洲的国防关系。在 21 世纪的第一个十年，这一功能转给了欧洲联盟。1949 年确立了两项制度：意在促进民主与公民社会的由 47 个成员国组成的欧洲委员会(Council of Europe)，以及由 28 个成员国组成的北大西洋公约组织(North Atlantic Treaty Organization, NATO)。北大西洋公约组织使欧洲多边主义与美国、加拿大在安全事务方面的交往得以程序化。

在 1993 年采用欧盟这一名称的决策之前，3 个欧洲共同体(European Communities, EC)在一体化进程中起着作用——成立于 1953 年的欧洲煤钢共同体(ECSC)、成立于 1958 年的欧洲经济共同体(EEC)、欧洲原子能共同体(EURATOM)。最终，在 1995 年欧洲安全与合作会议上，包括美国、加拿大在内的 57 个成员国组成的欧洲安全与合作组织(OSCE)成立了。实际上，国际组织与联盟中制度化的多边主义是欧洲架构的一部分。

虽然难以达成决策，但是多边主义仍是普遍的欧洲规范。接下来笔者将探讨战后欧洲货币多边主义的根源。21 世纪之初欧元诞生了，从根本上而言取决于这一多边主义的偏好。欧洲合作性安全不仅对全球制度与区域制度——联合国、北约、西欧联盟(当前欧盟的一部分)、欧安组织以及欧盟——所追求的经济目标是必不可少的，而且对其所追求的政治目标与安全目标也是必不可少的。

恢复欧洲货币之间的汇兑

在美国的敦促下,1950 年欧洲支付联盟(the European Payment Union, EPU)成立了。该联盟旨在从多边层面处理成员国之间日常的国际货币交易。对于欧洲经济复兴的支持往往超出了商业利益。这显然是美国与苏联在冷战竞争中安全考量的一部分。经济强大的西欧国家意味着更强大的盟友,有助于承担针对苏联及其势力范围的东欧国家的防务负担。

总部位于巴塞尔的国际清算银行是欧洲支付联盟的代理者。相比双边结算,在这些安排下每个欧洲国家相对欧洲支付联盟要么有净资产,要么负债。尽管欧洲货币仍然无法兑换黄金或美元,但是欧洲支付联盟的安排允许成员国相对容易地进行支付交易。值得注意的是,国际收支压力的减小本应该使欧洲支付联盟的成员国设立更高的关税,或者实施新外汇管制或其他贸易壁垒措施。

围绕欧洲支付联盟而组织起来的欧洲货币区支持美国及其欧洲伙伴为全球货币和贸易机制设计所倡导的自由主义经济目标。对美国而言,欧洲支付联盟仅仅可以临时替代货币可兑换性。当 1958 年布雷顿森林体系的规则对于欧洲支付联盟的主要成员国而言完全有效时,货币可兑换性实现了。欧洲经济成功复苏了,而且美国海外开支增加了欧洲支付联盟成员国所持有的货币储备的供给,最终使这些国家的货币可兑换,如布雷顿森林体系的规则所要求的那样。在某种程度上,在美国的督促下,1955 年欧洲国家签署了《欧洲货币协定》(the European Monetary Agreement, EMA),1958 年设立了一个新基金,取代了欧洲支付联盟。

从《欧洲货币协定》提取基金缺少欧洲支付联盟信贷的自动审批。此外,《欧洲货币协定》从未打算起到结算的作用。在经合组织的管理下,《欧洲货币协定》的运行是有限的。不过,欧洲支付联盟、《欧洲货币协定》所起的作用,与英美两国对布雷顿森林机制的设计以及北约的安全安排相吻合。北约依赖布雷顿森林机制以获得资本。

与此同时，欧洲支付联盟开始转向《欧洲货币协定》。美国支持欧洲大陆国家当时进行的谈判。这些谈判意在超越欧洲煤钢共同体而形成欧洲经济共同体。美国的确为此而坚称，欧洲市场仍对美国贸易与投资开放。然而，广而言之，美国的支持也是冷战时期以安全为基础的、从经济上加强其联盟的努力的关键。

1958 年根据《罗马条约》，欧洲经济共同体、欧洲原子能共同体(EURATOM)成立了。该条约赋予欧洲经济共同体相对较弱的货币权力，尽管第 6 条的确指出欧洲经济共同体的成员国将"与共同体各机构密切合作，协调货币政策"。至于汇率政策，第 107 条指出每一个成员国应该"按照共同利益"而行动，但是赋予中央银行行长委员会以权力。基于货币委员会的建设，中央银行行长委员会批准应对之策，以应对其他行为体所导致的任何有害的汇率变化。[3]

在欧洲经济共同体内实施国际货币政策的两项制度是货币委员会(the Monetary Committee)以及中央银行行长委员会(the Committee of Governors of the Central Banks)。[4]欧洲经济共同体的每个成员国在货币委员会都有两个代表——一般一个为中央银行行长，一个为财政部官员。货币委员会仅扮演咨询的角色，然而中央银行行长委员会才有资格为后来国家间货币政策协调及联合行动开展基础性工作。中央银行行长与欧洲经济共同体委员会(the EEC Commission)的成员定期会晤，担负起评估中央银行行长所关心的货币议题的责任，为上述合作奠定了基础。

最初，欧洲经济共同体更加侧重减少成员国之间的贸易壁垒，而非建设一个具有实质性决策权的国际货币区。无论如何，这些年的确存在欧洲货币区与美国的全球设计相吻合的情况，正如 20 世纪 50 年代的欧洲支付联盟那样。当时货币一体化的需求并不明显，因为欧洲经济共同体成员国的政策精英有赖于美元的黄金平价(每盎司黄金兑换 35 美元)，即布雷顿森林机制的基础。因此，货币事务的区域组织相当少——主要是咨询性的，而非涉及欧洲经济共同体诸多机构有约束力的权威。20 世纪 60 年代前半期，汇率数次调整，但是使欧洲经济共同体行动成为必要的重大货币危机并未出现。

货币价值在很大程度上是相对稳定的——因此将汇率波动对商品价

格及服务价格的不利影响降到最低限度。实际上布雷顿森林机制似乎相当平稳地运行,特别是在欧洲经济共同体6个成员国之间。[5]这允许这些国家致力于建立关税联盟的目标。欧洲经济共同体的每个成员国在制定与实施其货币政策中都有相当大的自主性。向欧洲经济共同体诸多机构的咨询被维持在最低限度。

然而,20世纪60年代后半期的货币困境为欧洲经济共同体内加强货币协作提供了动力。欧洲经济共同体的成员国有赖于美元,以美元作为国际汇兑的主要媒介及主要储备货币。这首次引起了激烈争论。虽然美国贸易顺差,但是如表7.1所示,20世纪60年代后半期这一顺差持续下降,与此同时军事支出大幅加剧了美国的国际收支逆差。

表7.1　美国、布雷顿森林机制以及冷战:1960年至1971年美国经常账户上的贸易差额以及海外直接防务开支(所有的数据以百万美元记;负号表明了国际收支总逆差的增长情况)

	贸易差额:进出口	海外防务开支
1960年	2 824	-3 087
1961年	3 822	-2 998
1962年	3 387	-3 105
1963年	4 414	-2 961
1964年	6 823	-2 880
1965年	5 431	-2 952
1966年	3 031	-3 764
1967年	2 583	-4 378
1968年	611	-4 535
1969年	399	-4 856
1970年	2 331	-4 855
1971年	-1 433	-4 819

资料来源:U.S.Department of Commerce, Bureau of Economic Analysis。

虽然美国贸易逆差有助于国际流动性,但是美元在货币市场上已经过剩了。欧洲官员看得更远,大量新增的美元不仅加剧了德国及其他国家的通货膨胀,而且对其造成了更大的压力——美国已经发现难以每盎司黄金兑换35美元的固定汇率维系黄金的可兑换性。

在设立特别提款权的谈判中,欧洲经济共同体首次轻微地挑战着美国对全球机制的领导权。如第六章所提及的,欧洲经济共同体的成员国坚持改变国际货币基金组织的投票规则，以拥有否决权，同自1946年国际货币基金组织运行以来美国所有的否决权一样。值得注意的是，欧洲经济共同体的否决权打破了以往美国在国际货币基金组织所拥有的垄断权力。

20世纪60年代末，对欧洲货币一体化的兴趣再现。货币一体化不仅试图促使欧洲经济共同体成为美国的竞争者，而且被视为解决欧洲经济共同体自身问题的一种手段。在1969年的货币危机中，同年8月法郎贬值11.1%，9月、10月马克升值9.3%。货币危机困扰着共同农业政策(the Common Agricultural Policy，CAP)——这是一个法国、联邦德国及欧洲经济共同体的其他成员国艰难磋商而形成的农业定价机制。汇率变化直接影响着进出口市场，改变着经过谨慎协商的成交价格。

1971年2月、3月，欧洲经济共同体部长理事会遵循着对各种建议的考量，[6]最终采用了一个到1980年实现欧洲经济和货币联盟的10年期计划。货币统一包括如下内容，即"货币完全且不可逆的可兑换性、汇率波动限度的消除、不可变的固定平价比率和资本完全自由流动"[7]。

在三个阶段(1971年至1973年)的第一个阶段，货币政策协调是广泛的。[8]布雷顿森林体系的规则所准许的平价1%的汇兑限度进一步被缩小了。在第一个或第二个阶段，一个货币合作基金得以设立，在最后阶段最终巩固了欧洲中央银行业务。

1971年6月，汇率波动的限度从0.75%降至0.6%——所有汇率仍与美元挂钩，仍是每盎司黄金兑换35美元。总计20亿美元的、为期2年至5年的信贷也被确立起来。[9]欧洲经济共同体内所采取的行动促进了新兴欧洲货币区的发展。当然这与布雷顿森林体系的规则相符合。实际上，行动所达成的目的是完全相同的：不受管制的货币兑换稳定，以此促进跨国贸易及投资。

洞中的"蛇"

一些人将这一统一程度及具有潜在实力的欧洲货币区的建立解释为在全球货币机制内对美国卓越地位的挑战。1971年8月布雷顿森林机制的崩溃以及浮动汇率制的开始实际上顿挫了欧洲经济共同体内部实施更具稳定汇率的欧洲计划。设计一个欧洲经济共同体的“蛇”——用联合浮动对抗美元——是欧洲一个确定无疑的补救方法,而且是一个最初对美元主导地位的多边挑战。

1971 年 12 月达成的《史密斯协定》——一个恢复布雷顿森林机制的失败性尝试——对汇率波动设定了新的、更为宽泛的限度。在这一新机制下,每个货币可以在平价的基础上下浮动 2.25%。原来的布雷顿森林机制仅允许上下浮动 1%,因此对美元最大浮动的限度为 2%。

相比之下,2.25%的浮动限度产生了最大为 4.5%的浮动限度——后来被称为相当于美元上下浮动的“洞”。这一较大幅度的浮动汇率制对于致力于缩小汇率浮动范围的欧洲经济共同体成员国而言是颇成问题的。更糟糕的是,对美元 4.5%的浮动限度意味着欧洲经济共同体任何两个货币之间的浮动会达到 9%。[10]

20 世纪 60 年代末、70 年代初,美元仍大量涌入货币市场。如表 7.2 所示,在 1971 年 8 月美国决定不再以 35 美元兑换 1 盎司黄金之后,美国贸易平衡的确暂时有所结余。美国上述决定致使美元下浮。不过美国海外防务开支不断增加。

表 7.2 后布雷顿森林体系时代的转型:1972 年至 1974 年美国经常账户上的贸易差额以及海外直接防务开支(所有数据都以百万美元记;负号表明了国际收支总逆差的增长情况)

	贸易差额:进出口	海外防务开支
1972 年	−5 795	−4 784
1973 年	7 140	−4 629
1974 年	1 962	−5 032

资料来源:U.S.Department of Commerce, Bureau of Economic Analysis。

这一幅度的货币波动造成了进出口价格的震荡,从而搅乱了贸易及投资模式和安排。上述模式和安排在 1958 年欧洲经济共同体成立以来就形成了。跨国交易的制成品、资源、服务的价格很快变得特别易变——与经济理论相反,价格与其说是特定商品或服务的质量或公平市价,倒不如说是汇率变化的产物。

在1967年，欧洲经济共同体超越了零关税的贸易，迈向更大规模的经济一体化，建立了关税同盟——所有成员国同意对从非欧洲经济共同体成员国的进口实施共同关税。鉴于各成员国，特别是法国国内农业部门的压力，艰辛的外交努力意在将农产品纳入更大范围的协议中。当然，这些农产品价格协议易受汇率变化改变价格的影响。由于这些协议已受到欧洲经济共同体内货币调整的困扰，当时这些协议是七零八落的。

鉴于巨裂变化的环境，1972年4月欧洲经济共同体的成员国很快决定减少欧洲经济共同体内部的汇率浮动，但是任何货币可随美元的变化而变化。作为减少这些波动的第一步，相对于欧洲经济共同体内的其他货币，欧洲经济共同体内任何遵守协议的货币不可上下浮动超过其中心汇率(central rate)的2.25%。[11]

由此，欧洲经济共同体成员国的货币相对于美元是有差别的浮动，而且浮动限度更小了。这很快被比喻为幅度为4.5%的"洞"中的"蛇"。在这一安排之下，参与的中央银行干预货币市场，以管理对美元的联合浮动。1973年3月，史密斯规则并未予以考虑，因而欧洲经济共同体的"蛇"可自由浮动——即没有任何"洞"加以约束。与此同时，欧洲经济共同体成员国彼此的汇率保持稳定，因此避免了对价格的不利影响。为了经济安全目标的这一协作程度预示着欧盟成员国大概20年后创建欧元的努力。

当时的货币困境很快迫使英国、法国、爱尔兰、意大利、瑞典从中脱身。然而，即便是主要成员国时不时地不接受这一约束，仍然有维系货币区的强有力的承诺，特别是对联邦德国货币当局来说。毕竟，相比于每个成员国货币各自对美元浮动的情况，这已为欧洲经济共同体的成员国带来了更稳定的价格。

欧洲一体化倡导者也担心，这一货币浮动限度的彻底失败不仅会摧毁实现更深入的欧洲货币和经济一体化的夙愿，而且也意味着欧洲对美国经济竞争的失败。欧洲领导人希望避免或至少减少美国的货币主导地位，在这一意义上对成功地维系货币区报以最大的希望。由此，至少欧洲会自己掌握命运——即使不是对美国对外政策与国家安全选择的一个挑战，也至少是一种抑制。

与此同时，欧共体成员国仍在北约和其他安全安排方面有赖于美国。

由此观之,在上述限度内协调汇率的做法也是维系以美元为基础的机制的一种手段。国际流动性有赖于以美元为基础的机制。对美国而言,美国能够继续支出海外防务开支,而且使在后布雷顿森林体系时代中有管理的浮动汇率机制赤字得以缓解。

货币危机时期的合作性安全

虽然美国的货币政策时常有很大差异,但是欧洲经济共同体的成员国在冷战期间及其后坚决维系浮动汇率制。除了其他方面,这意味着欧洲经济共同体的成员国与美国、日本,以及国际货币基金组织和世界银行中资本丰裕的成员国一道扩大信贷,调整或在某种情况下免除欠发达国家、低收入国家的贷款。20 世纪 70 年代末、80 年代初,这些欠发达国家、低收入国家因全球金融市场上的短期高利率而备受冲击——这是美国联邦储备委员会因抑制两位数的国内通货膨胀而采取的更为紧缩的货币政策的结果。

由于美国及其他发达国家的衰退,它们减少了从第三世界国家的进口。1982 年,这种高利率、商品价格的下跌使墨西哥陷入危机。如果墨西哥拖欠债务,那么同样资金紧张的其他低收入国家可能会竞相效仿。这或许会引发连锁反应。为了避免墨西哥被迫拖欠债务,美国联邦储备委员会[当时保罗·沃尔克(Paul Volcker)时任主席]在国际清算业务内采取行动,最初为墨西哥银行设立了 7 亿美元的货币互换,随后是 18.5 亿美元的多边信贷——美国提供其中的 50%,其余部分则由日本和欧洲中央银行提供。

无论是对墨西哥还是对其他危难之中的欠发达国家,国际货币基金组织的贷款并非没有附加条件。任何信贷或贷款的交换条件一般是,国际货币基金组织会强加以更为紧缩的财政和货币政策——通常是压缩政府开支、在财政领域增加税收、货币领域高利率、减少流通货币的供给。

这些紧缩政策的“新自由主义”经济学原理是颇有争议的,但也是失败的经济体——这些国家面临着通货膨胀、入不敷出及其他弊病——进行结构调整所需要的。削减开支、增加税收、提高利率等方面的国内政治影响显然不利于执政者。由此，他们对国际货币基金组织以及被认为掌握金钱的人士——美国和其他第一世界国家的货币官员、资本管理者——存有敌意就不足为奇了。

对于这一观点最典型的例子是，即将离职的墨西哥总统何塞·洛佩斯·波蒂略1982年9月1日发出的声明——对资本利益的粗略控诉：

> 遍及世界的金融瘟疫造成了越来越大的破坏。如中世纪时，瘟疫蹂躏了一个又一个国家。瘟疫经由老鼠传播，带来了失业、贫困、工业破产以及投机行为。巫医的疗法是使病人不再进食……那些抗议的人必定被清洗，然而那些幸存的人见证了巫医陈腐而占上风的教条以及盲目的霸权式利己主义的德行。[12]

洛佩斯·波蒂略曾威胁要断然拒绝国际货币基金组织和其他外国领导人将银行国有化，实施外汇管制，但是最后温和了些，采取了更为缓和的立场。相比之下，其继任者米格尔·德·拉·马德里(Miguel De La Madrid)支持国际货币基金组织。[13]

虽然这遏制了墨西哥的短期危机，但是诸多努力转而增加了国际货币基金组织限额的国际共识，因此增强了国际货币基金组织的借贷机制，特别是对于同样面临偿债问题的低收入国家而言。[14]实际上，更多的短期贷款并不充足。对于最终会减弱的债务危机而言，这或许会导致利率在全球范围内的下跌以及美元(以及与美元挂钩的第三世界国家货币)贬值。

20世纪80年代，美元升值的确使美国的出口越来越没有竞争力。如表7.3所示，美国贸易逆差和海外军事开支大幅增加。1985年9月，为了回应汇率方面的国内压力，美国财政部长詹姆斯·贝克(James Baker)在纽约广场饭店组织了一次会议。他寻求五国集团(美国、日本、德国、法国以及英国)财政部长和中央银行行长一致行动以协调全球货币市场的买卖。这些行动的目的在于使其他主要货币升值，而使美元逐渐贬值。

表 7.3　冷战期间有管理的浮动汇率制:1975 年至 1989 年美国经常账户上的贸易差额以及海外直接防务开支(所有数据都以百万美元记;负号表明了国际收支总逆差的增长情况)

	贸易差额:进出口	海外防务开支
1975 年	18 116	−4 795
1976 年	4 295	−4 895
1977 年	−14 335	−5 823
1978 年	−15 143	−7 352
1979 年	−285	−8 294
1980 年	2 317	−10 851
1981 年	5 030	−11 564
1982 年	−5 536	−12 460
1983 年	−38 691	−13 087
1984 年	−94 344	−12 516
1985 年	−118 155	−13 108
1986 年	−147 177	−13 730
1987 年	−160 655	−14 950
1988 年	−121 153	−15 604
1989 年	−99 486	−15 313

资料来源:U.S.Department of Commerce，Bureau of Economic Analysis。

在《广场协议》签署的一年半之后,1987 年 2 月《卢浮宫协议》在巴黎签署了。五国集团与加拿大随后同意将美元维系在所达成的目标范围之内。对美元——仍是世界上主要的关键货币和储备资产——的买卖恢复了。在货币事务中的合作性安全成为最重要的事。有管理的浮动汇率制在主要大国所共有的共同利益方面被程序化了,促使国际货币机制更加稳定。这一共同利益一如既往地包括商业利益与安全利益。

20 世纪 90 年代,一系列货币挑战——1995 年墨西哥比索危机、1997 年亚洲金融危机——值得关注。在上述案例及其他案例中,多边贷款——需要资本转移以维系流动性——是最初的货币对策。国际货币基金组织、国际清算银行、七国集团成员国在凝聚共识方面是主要参与者。这一共识不仅是管理当时的危机所必要的,而且也是维系有管理的浮动货币机制所必要的。不太广为人知的日常干预是司空见惯的。实际上,在日内瓦建立世界贸易组织的条件已经成熟。1995 年世界贸易组织也正式运作,因此,在第二次世界大战后的制度设计最终完成了。[15] 如表 7.4 所示,美国国际收支仍然很大,而且美国进口(增多的石油消费)远多于其出口，尽管冷战结束后美国海外防务开支相比于最多时下降 40%多。美国将部署在欧洲的人员减少了 60%，重新部署在美国，大幅减少了海外防务开支对美元的货币压力。

表 7.4 欧元诞生前、后冷战时代有管理的浮动机制：美国经常账户的贸易差额以及海外防务直接开支（所有数据都以百万美元记；负号表明了国际收支总逆差的增长情况）

	贸易差额：进出口	海外防务开支
1990 年	−78 968	−17 531
1991 年	2 897	−16 409
1992 年	−51 613	−13 835
1993 年	−84 805	−12 087
1994 年	−121 612	−10 217
1995 年	−113 567	−10 043
1996 年	−124 764	−11 061
1997 年	−140 726	−11 707
1998 年	−215 062	−12 185

资料来源：U.S.Department of Commerce，Bureau of Economic Analysis。

苏联及东欧货币区

冷战期间，欧洲的另一部分——由苏联及其他东欧国家组成的货币区——在形式上仍处在全球货币机制之外。虽然它们显然必须以市场交易支持其商业开支及其他政府海外开支，但是它们并不愿认可美国在全球机制中的卓越地位。在苏联的组织下，经济互助委员会（当时缩写为 COMECON、CEMA，或者 CMEA）没有直接支持全球货币机制，但是也没有证据表明苏联所主导的货币区破坏了全球货币机制。自己活，也让别人活。

苏联认为，加入布雷顿森林机制事实上意味着臣服于美国，或往小了说臣服于英国，因此并未加入国际货币基金组织或世界银行。然而，由于获得硬通货以支持与西方的贸易及其他交易的需要，苏联和其他东欧国家心照不宣地与以美元为基础的全球货币机制中的其他国家进行合作。冷战期间——如同冷战前的两次世界大战期间一样——当执政当局认为合作有利时，对手会想尽办法地合作。

苏联将美元存款留存在伦敦的银行，以此避免被美国没收。这最初促进了欧洲美元市场的发展。为了在西方国家经营生意，苏联经由自己在伦敦的官方机构人民银行（Narodny Bank）及其在巴黎的机构北欧商业银行（Banque Commerciale pour l'Europe du Nord）来开展业务。[16]后来东西方贸易的快速增长也促使瑞士、列支敦士登的私人银行所处理的信用证及其他金融交易显著增加。[17]

双边清算是货币区成员国之间用以支付的主要方式。[18]1957 年，苏维埃国家银行（苏联中央银行）开始处理一些多边清算业务，但是当时这些交易量相对较小。[19]在 1963 年末，国际经济合作银行（IBEC）成立之后，苏联试图加强多边主义。苏联所主导的国际经济合作银行意在向那些国际收支逆差的经互会成员国提供贷款。[20]然而这一银行并不成功，而且经互会的很多金融业务仍是双边的。[21]

因此，苏联、东欧国家在没有破坏全球货币机制的情况下参与黄金和外汇交易。就罗马尼亚而言，罗马尼亚违背了苏联的意愿加入了国际货币基金组织，以此尝试巩固自己与西方的联系。东欧、西欧之间另一重要的联系是在总部位于巴塞尔的国际清算银行的成员国身份。实际上，“所有欧洲国家（除了阿尔巴尼亚）[都是]成员国”[22]。然而，苏联的卢布仍是不可兑换的。由此，经互会在形式上仍处于全球货币机制之外。鉴于为了自身贸易及安全目的而获取西方资本的需求，冷战期间经互会的成员国并未对全球货币机制带来严峻挑战。对西方的安全挑战并不是货币层面的。东方有赖于全球货币市场，因而无意妨碍之（更不用说破坏它们了）。

从西欧货币体系到欧元

20 世纪 80 年代中期，位于布鲁塞尔的欧洲委员会担心未来数十年中欧洲相对于美国和日本的竞争力，致力于与成员国达成共识，以超越自由贸易、关税同盟的共同对外关税。[23]1992 年 1 月，欧洲经济共同体建立了一个共同市场，实现了更大范围的货币一体化以及在欧洲货币体系内更密切的货币协调，因而促成了自然资源的自由流动——(土地)、劳工和资本，如同美国国内的州际流动。

1987 年欧洲经济共同体设定了“欧洲 1992”的共同市场目标。欧洲经济共同体的成员国大概在 5 年内制定了 150 多项新规定——实现生产三要素自由流动的详尽蓝图——由此有条不紊地达成了目标。政府要员参加了 1991 年 12 月在荷兰马斯特里赫特召开的峰会，认可了到 20 世纪末将经济一体化推向深入的共识——一个完整的经济和货币同盟(EMU)。该同盟拥有后被称为“欧元”的一个共同货币以及中央银行。后来该中央银行的总部被确定在法兰克福——欧洲资本中心、德国中央银行的总部。

名称也变了。欧盟(EU)合并了欧洲共同体(EC)。欧洲共同体曾经是欧洲经济共同体、欧洲原子能共同体、欧洲煤钢共同体的官方名称。财政政策及货币政策的协调——设定与满足经济和货币同盟所必需的特别宏观经济标准——成为 20 世纪 90 年代难以解决的议程。欧盟也努力形成自身的共同外交及安全政策(CFSP)，但是毫不奇怪的是，这一目标事实上更加难以捉摸——甚至比经济目标和货币目标更难以实现。欧盟的确重申了对前殖民地——非加太(非洲、加勒比以及太平洋，简称 ACP)国家的贸易、货币与安全的特惠承诺。

就此而言，欧盟单一的货币也会有助于其成员国用以安全承诺及其他对外政策承诺的国外支付。成员国以此单方面地行动而实现自己的目标，或在联合国、北约、欧安会、西欧联盟或欧盟所支持的情况下共同行动。正如对美元的广泛认可促进了美国对外政策和国家安全政策一样，欧盟成员国以欧洲共同的货币欧元寻求相同的好处。欧元也乐于被认可，用于政府采购及其他海外开支。

为了深入推进经济和货币同盟的一体化，对欧洲共同体已有的原则折中的确是需要的——以此促使所有成员国协力推进一体化。规定允许成员国退出，而且特别是允许来自东欧的新成员国有能力渐进地加入，当它们阶段性地满足财政和货币要求时。欧盟成员国增多了，接纳了那些经济效率低的国家，使更深层次的一体化更难以实现。虽然批评者将其称为“照单点菜”(à la carte)的一体化，但是它仍是一体化——并且处在深层次上。

欧盟的共同外交和安全政策并没有取得很大的进展,但是制度安排使欧盟成为为时已久的、涵盖整个欧洲的、替代北约与西欧联盟——最初1948年时依据《布鲁塞尔公约》而建立——的组织。然而,对于商业利益和安全利益最为重要的则是用来管理欧元的欧洲中央银行(ECB)的建立。[24]当时,美元面对着一个潜在地会成为其竞争者、合作伙伴,或者更乐观地说两者兼具的货币——在全球市场上由共同安全利益、商业利益联系的一个竞争性伙伴。

欧元的诞生——管理对外政策和安全利益

在欧元诞生后,美国贸易逆差和海外防务开支的数据可见表7.5。贸易逆差以及海外防务开支至少翻番了。2001年9月11日,基地组织袭击世贸中心、五角大楼之后,美国在海湾和中亚的部署使防务开支增加了。虽然支持美国全球安全角色的国际广泛共识或许并不如冷战时那样稳固,但这一共识仍是坚定的。甚至批评者也难以忽视对欧洲和东北亚的美国盟国而言实际存在的国家安全利益。

表7.5 美元兑欧元的逆差、有管理的浮动机制:1999年至2008年美国经常账户的贸易差额以及海外直接防务开支(所有数据都以百万美元记;负号表明了国际收支总逆差的增长情况)

	贸易差额:进出口	海外防务开支
1999年	-301 630	-13 335
2000年	-417 426	-13 473
2001年	-398 270	-14 835
2002年	-459 151	-19 101
2003年	-521 519	-25 296
2004年	-631 130	-28 299
2005年	-748 683	-30 075
2006年	-803 547	-31 032
2007年	-726 573	-32 820
2008年	-706 068	-36 452

资料来源:U.S.Department of Commerce, Bureau of Economic Analysis。

按照《北大西洋宪章》第五条，2002 年北约盟国发起了阿富汗战争。这是对北约成员国之一遭受袭击的集体回应——当时美国遭受了以阿富汗为大本营的基地组织的袭击。相比之下，2003 年对伊拉克的军事干预在北约内部产生了分歧。英国也远离欧盟其他成员国而与美国合作。欧盟的共同外交与安全政策不过如此！

不过，共同的商业利益、安全利益事实上是根深蒂固的，足以使各方在入侵并占领伊拉克的问题上渡过了难关。如之前那样，财政部长、中央银行行长与其美国同僚一同努力以维系有管理的浮动汇率机制。虽然他们在美英所领导的干预伊拉克的政策上有分歧，但是他们仍维系货币交易以促进融资。

长达 10 年军事干预的代价是美国大量的贸易逆差。无论欧洲国家与其他国家（包括中国和日本）在美国政策中的地位如何，这些国家一如既往地接受了美元，有力地支持着美国。私人部门在日常商业活动、美国政府及其盟国在阿富汗战争、伊拉克战争中使用美元。当然，英国及其英镑开支、北约盟国的欧元开支也是如此。实际上这些国家的货币当局认为这符合自己的商业利益和安全利益。

由于贸易逆差增大以及大量海外国防开支，一种合作方式允许美元进一步下浮。美元-欧元的汇率以每年年初"快闪"的形式呈现在表 7.6 之中，表明从"9·11"事件之前强势、或许被高估的美元，在 2008 年全球衰退前的 10 年中相对于欧元贬值了。实际上，欧元升值意味着货币市场上每个欧元的美元价格实质上更高了。虽然 10 年间有所变化，但是表 7.6 的数据表明欧元大概升值了 40%。2000 年 1 欧元可以兑换 1 美元，然而 2010 年 1 美元仅需 0.7 欧元。2010 年以后，欧元地位相对于美元地位的下降反映了欧洲自身的金融问题——维系对欧元区的承诺。

在 21 世纪的第一个十年，美元相对欧元衰落的另一后果是欧元取代了美元被日益用作储备货币——或至少美元、欧元在国家储备组合中获得了较好的平衡。如表 7.7 所示，作为货币储备的美元相对于欧元的比率下降了——1999 年时美元大约是欧元的 4 倍，10 年后下降到了仅仅 2 倍。相比于低收入国家，高收入国家在其储备中更多地持有美元。这反映了高收入国家与美国在货币（及安全）事务方面的合作立场，以往欧元在低收入国家的储备中占据更大的地位。不过该数据也说明欧元并没有取代美元,反而是占有一席之地,但无疑是很大的一席。

表 7.6　1999 年至 2014 年美元兑欧元的汇率(按照每年 1 月初统计)

	$ /€		$ /€
1999 年	1.178 9	2007 年	1.327 0
2000 年	1.009 0	2008 年	1.468 8
2001 年	0.942 3	2009 年	1.386 6
2002 年	0.903 8	2010 年	1.438 9
2003 年	1.044 6	2011 年	1.318 2
2004 年	1.259 2	2012 年	1.289 3
2005 年	1.350 7	2013 年	1.315 5
2006 年	1.182 6	2014 年	1.374 0

资料来源:European Central Bank,参照 http://www.oanda.com/currency/historical-rate。

表 7.7　1999 年至 2013 年美元与欧元作为官方储备的比率(%)

	全世界	发达经济体	发展中经济体
1999 年	3.97	4.03	3.82
2000 年	3.89	3.96	3.72
2001 年	3.73	3.88	3.41
2002 年	2.82	2.99	2.47
2003 年	2.62	3.02	1.99
2004 年	2.66	3.04	2.06
2005 年	2.78	3.37	2.09
2006 年	2.61	3.18	2.03
2007 年	2.44	2.82	2.22
2008 年	2.42	2.99	1.97
2009 年	2.29	2.76	1.88
2010 年	2.26	2.57	1.97
2011 年	2.30	2.56	2.07
2012 年	2.48	2.84	2.14
2013 年	2.63	2.58	2.57

注:甚至在 2002 年 1 月欧元大量流通之前,中央银行已经用其作为计价单位。目前 8 000 多亿欧元——接近 1 万亿欧元——在流通。

资料来源:International Monetary Fund, Currency Composition of Foreign Exchange(COFER) Data: http://www.imf.org/external/np/sta/cofer/eng/cofer.pdf。

维系支持有管理的浮动汇率机制及其中美元角色的共识仍是个持续不断的多边进程。相比之下，美国在实施其对外政策及国家安全政策时，仍采用更加单边主义的方法——如21世纪第一个十年所发生的那样——这往往削弱了维系美元的全球地位所需的支持。多边努力并不仅仅为了告知，而且为了商议与达成共识，以便采取一致行动。多边努力是货币安排，或者更广泛地说是与之相关的对外政策和国家安全领域的必要条件。

始于2008年的银行破产及股票下跌对全球经济安全造成了威胁。多边措施为世界范围内的银行体系注入流动性，以应对上述威胁。如本书所阐明的，中央银行行长对协作性多边主义或货币和经济事务领域的合作性安全并不陌生，货币和经济事务对于对外政策和国家安全也具有重要意义。

中央银行行长及财政部长很快对危机作出反应——与1988年他们的努力如出一辙。1988年，股票市场和许多金融机构也似乎见底了。广为接受的规范为这种一致行动提供了基础，当他们明白了国家利益、资本利益时就联合起来了。国民经济及其所处的全球市场都有赖于国内流动性、国际流动性。鉴于这些情况，财政部和中央银行当局首先对银行和其他金融机构施以援手。然而，正是这些难辞其咎的部门导致了这次危机，但是向银行提供更多的资本是对经济理论的理解所支配的补救方法。这也服务于国家利益、资本利益。

巩固经济基础的做法也支持着美元，维系着美国在全球实施对外政策以及追求国家安全目标及国际安全目标的能力。国际安全中的新兴挑战超越了美国、北约、欧盟成员国及其他联盟伙伴为了履行这些任务所接受的诸多模式。除此之外，国家安全面临着新的挑战，无论其源于20世纪90年代的国家冲突与种族冲突，或是21世纪初的恐怖主义及叛乱威胁。然而，如果我们从长远考虑，而不仅限于这些近期的重要关切，那么不难得出结论，美国政府有充分的理由在这些经济和货币、外交以及安全事务上继续参与多边行动——总是个承受者，但是确定无疑地探寻共同立场与所达成的行动方案。

结　　语

虽然美国(美元)、欧盟(欧元)互相竞争，但是与此同时，两者也进行建设性的合作。对于日本、中国及其他崛起大国等主要参与者也是如此。未来数十年，美国将会与这些国家打交道。近期而言，美国的确仍将继续培养自第二次世界大战结束以来货币等领域所推进的协作性规范，并且进一步使其制度化。这是项保守的、对未来至关重要的政策——当美国不再具有其原来的相对地位时，这也会是一种阻碍——当美国再也无力发挥以往卓越的、往往在维系货币机制方面决定性作用时。1944年在布雷顿森林会议上，美国承担起全球货币领导责任。

假以时日，多边主义、合作性安全会作为规范被嵌入到规范全球主要(及次要)行为体行为的诸多结构中。为此目的，在服务于国家安全、国际安全的规范性框架及制度性框架的社会建构中，洞察力与意志力是需要的。美国自我防御和继续寻求海外机会的能力取决于事先不错的努力，甚至进一步使多边规范制度化。这些多边规范支持务实的、和平的方法，以解决决策者时常所面临的、令人烦恼的货币挑战和安全挑战。

注　释

1. 详见 George F.Kennan, *Around the Cragged Hill* (New York: W.W.Norton, 1993), pp.203—204。

2. 1961年，欧洲经济合作组织更名为经济合作与发展组织。美国、加拿大、日本成为经合组织的成员国。

3.《罗马条约》关系到货币区的发展。对其探讨，详见 Arrhur I.Bloomfield, "The Historical Setting," in *European Monetary Unification and Its Meaning for the United States*, ed. Lawrence B.Krause and Walter S.Salant(Washington, DC: Brookings Institution, 1973), pp.1—3。

4. 依据《罗马条约》(第105条)，1958年货币委员会成立了。1964年4月，欧洲经济共同体委员会设立了中央银行行长委员会。

5. 最初的6个成员国是德国、法国、意大利、比利时、荷兰、卢森堡。

6. 对于两项巴尔计划、席勒计划、维尔纳计划及其他与欧洲货币一体化的考量的相关信息，详见 Peter Coffey and John R. Presley, *European Monetary Integration*(London: Macmillan/St.Martin's Press, 1971); James C.Ingram, *The Case for European Monetary Integration*, Princeton Studies in International Finance no. 98 (Princeton: Princeton University Department of Economics, 1973); Giovanni Magnifico, *European Monetary Unification* (New York: John Wiley and Sons, 1973)，以及 *European Monetary Unification for Balanced Growth*, Princeton Studies in International Finance no. 88 (Princeton: Princeton University Department of Economics, 1971); Donald R. Hodgman, *National Monetary Policies and International Cooperation* (Boston: Little Brown, 1974) Krause and Salant, *European Monetary Unification and Its Meaning for the United States*。

7. Magnifico, *European Monetary Unification*, pp.2—4.

8. 详见 Hodgman, *National Monetary Policies and International Cooperation*, p.244。

9. 这 20 亿美元中，联邦德国和法国各分了 30%，意大利分了 20%，比利时和卢森堡各分了 10%。详见 Magnifico, *European Monetary Unification*, p.5。

10. 详见 Krause and Salant, *European Monetary Unification and Its Meaning for the United States*, pp.85—86, 106—107, 213—214。

11. 中心汇率是“面值的实际替代者……然而在《国际货币基金组织协定》条款的规定下，面值必须以黄金或可兑换黄金的美元表示”，中心汇率能够“以黄金、特别提款权或某种货币的形式公布”。详见 Krause and Salant, *European Monetary Unification and Its Meaning for the United States*, p.311。

12. 详见 Joseph Kraft, *The Mexican Rescue* (New York: Group of Thirty, 1984), p.39，转引自 Eric Helleiner, *States and the Reemergence of Global Finance* (Ithaca, NY: Cornell University Press, 1994), p.177。

13. Ibid., pp.177—178.

14. 对于这一协调一致的多边回应的讨论，详见 Richard N.Cooper, “Almost a Century of Central Bank Cooperation,”以及 Ethan B.Kapstein, “Architects of Stability? International Cooperation among Financial Advisors,” in *Past and Furture of Central Bank Cooperation*, ed. Laudio Borio, Gianni Toniolo, and Piet Clement (Cambridge: Cambridge University Press, 2008), pp.98—99, 129—130。

15. 美国国会的反对者成功地延缓了杜鲁门政府关于国际贸易组织(ITO)的计划，然而国际贸易组织原本与国际货币基金组织及世界银行一起运行。制度上退而求其次的是以日内瓦为总部的《关税及贸易总协定》——冷战期间一系列会议针对关税和非关税壁垒削减磋商。

16. 详见 M.Yves Laulaned, *Banking, Money and Credit in Eastern Europe* (Brussels: NATO Information Service, 1973), p.20。

17. 这一观察源于笔者与世界银行职员迈克尔·吉勒特(Michael Gillette)的

一次对话。

18. 详见 Andrzej Korbonski，“COMECON”，*International Conciliation*，No.549，September 1964，p.37。

19. 显然，“仅仅经互会内部贸易总额的 1.5%是以这种方式支付的”。Ibid.，p.38.作为苏联央行的一部分，苏联贸易银行(外贸银行)负责协调和处理外币交易。详见 U.S.Department of Commerce，*The Soviet Financial System*，International Population Statistics Reports，Series P-90，No.23，1968，p.29。可参照 Mikhail V. Condoide，*The Soviet Financial System*(Columbus：Ohio State University，1951)，pp.118—120。

20. Korbonski，“COMECON，” pp.38—39.

21. Susan Strange，*Sterling and British Policy*(Oxford：Oxford University Press，1971)，p.30.

22. Laulan，Banking，*Money and Credit in Eastern Europe*，p.22.

23. 对于欧洲经济和货币同盟形成历史最佳文献之一是 Harold James，*Making the European Monetary Union*(Boston：Harvard University Press/Belknap，2012)。更多关于欧洲经济和货币同盟的论述可详见本书第一章。

24. 对于欧元和欧洲中央银行更为详细的概述，详见 Madeleine O.Hosli，*The Euro*(Boulder，CO：Lynne Rienner，2005)。

结　论

货币与合作性安全

这是2035年。在联合国安理会的主持下，美国协助组织了一个多边同盟以恢复中非地区的和平，并保障该地区的人权。美元仍是关键货币、计价单位、价值储存手段，但是这时是数个主要货币之一。主要货币很容易互兑，为私人部门的贸易和投资以及政府的对外政策和国家安全支出提供资金。每个人都很清楚安全与经济之间的联系，特别是安全与国际货币之间的联系。

主要货币是美元、欧元、英镑（经由欧洲中央银行协调一致的市场干预而保持币值稳定）、人民币、日元以及三个新的区域货币：印度卢比、巴西-阿根廷-智利安第诺（Brazilian-Argentine-Chilean andino）、泛阿拉伯元（pan-Arab pound）。其中，一个新的全球货币暂时仅限于中央银行使用，而且其币值按照一揽子国家货币或区域货币而确定——在市场交易中一些货币升值可由其他货币贬值所抵消。除了在巴塞尔及其他地方的传统会议之外，中央银行为管理汇率而进行的干预通常经由在网络空间召开的虚拟会议加以协调。

财政部长及其下属召开相似的会议，时常与其中央银行的同僚一道开会。实际上，被称为"全球"的新货币的币值如此稳定，以至于它作为主要储备资产开始替代国家货币。诸多计划逐步将这一新的全球货币得以广泛使用，或许假以时日会替代各种国家货币。对建立一个世界范围的中央银行的支持增大了，或至少国际货币基金组织拥有中央银行的新功能。很多观点都在讨论之中,或许促成“布雷顿森林”式的新会议。国际货币基金组织的波斯籍总干事指出,伊朗——货币和安全协作方面的关键参与者——提议将德黑兰作为会议场所。

这一场景有多真实呢?这是否会比本书前言的凄凉场景更有可能呢?换言之,合作性安全会成为全球规范吗?是否会存在多边地管理货币事务或努力解决危及国际和平与安全的冲突呢?鉴于本书前言中场景的悲观语调,这一场景过于乐观了吗?或许未来的实际情况处于悲观场景、乐观场景之间的某处。

一些人或许认为,结论部分的这一场景是想象中的、未来学家的梦境——不受约束的理想主义。然而,这一批评忽视了本书各章节所详述的实际经验,即中央银行及私人银行行长、财政部长及其职员——有关“硬权力”的货币维度的资本管理者中的主要代理者——并非坐以待毙,并没有将货币事务仅仅交给市场。甚至在19世纪、20世纪初,当他们看到需要干预市场时他们就会干预,组合紧急救助计划、共同实施其他建设性措施。

资本所有者、管理者是识别这一类参与者的统称。其中许多政策精英不仅负责货币和经济事务,而且负责涉及一系列其他广泛的议题。美国和其他奉行自由主义或多元主义观点的国家往往避免这种称谓,因为这会造成一种严格限定的资本所有者阶层的印象,好像这一阶层有其不同于资本所有者个人的生活。并非如此,笔者反而关注这些政策精英中的个人。

虽然笔者有自己的民主偏好,但是精英在货币事务上更为举足轻重。相比于其他个人与群体,这些个人与群体并不具有精英所控制的政治或经济权力和权威。此外,本书所述的货币事务是专家的专长——对于央行行长及与之紧密相关的人而言——他们是以中央银行业务和金融专业术语来讨论技术问题的认知共同体。这种术语往往限制着孤陋寡闻的资本精英的参与,更不用说大众了。大众就其影响力而言在市场及其他公共论坛上举足轻重,但是那些在私人部门、公共部门掌握金融职位的资本管理者在经济和安全的日常管理中更为至关重要。

当我们展望未来时，一些事情比其他事情的确似乎更为明确。短期来看，我们需要关注美元作为关键货币和储备资产短期及长期的活力问题。毫无疑问，美国仍是有强大经济能力及军事能力的大国，但是美国可能不会总是有如第二次世界大战后数十年（以及甚至冷战结束以来的25年间）那样相对的非凡优势。

当我们对不确定的未来表示担忧时，我们会发现安全不仅取决于“硬权力”方面的经济能力、军事能力，而且取决于多边规范持续不断的构建和强化。政策精英正是以这些规范从事国际关系。这些规范经由协作性进程使国家目标合法化——如果不是消除了冲突，那就是更有效地管理冲突。

如本书字里行间所反映的，合作性安全绝非一个新现象。无论是在联盟中，还是在多边机制与不太正式的联盟中，共同应对货币和安全的历史可回溯到19世纪及其之前。资本管理者中的银行家、财政部长及其职员在维系货币机制中起到决定性作用，因此，维系国际流动性对于政府和商业交易而言是必不可少的。

正如英国曾经有赖于全球对英镑的认可，以此为大英帝国和英联邦的安全提供资金一样，美元作为关键货币、计价单位和价值储存手段的全球地位使美国当局在海外实施美国对外政策和国家安全政策时相对而言几乎不会受到其所需开支的约束。这是个非凡特权，但是这也需要承担时常采取措施以维系全球货币机制的责任。实际上，美元的这一国际货币角色是美国国家安全所依赖的“硬权力”所必不可少的组成部分（即使这往往被忽视了，而且被低估了）。

美国经济安全、国家安全的货币基础

一般而言，国家安全，特别是军事能力取决于经济基础（而且直接受到经济基础的影响）。笔者以生产能力意指经济基础。生产能力本身是涉及资本与资源的人类能力的产物。美元在其他货币中的地位反映了市场中对这些基本经济能力的理解。货币政策和财政政策,特别是国家债务政治久而久之会破坏国内或公众对用以支付的货币的认可,从而危及国家安全。国家债务政治会将美国的信誉置于危险境地。

换言之,美国的全球地位基本上是理解美国经济能力及其美元相对其他货币币值的产物——国家经济地位的指标。毕竟,美元或任何其他货币的实际币值不仅是其相对其他货币的汇率,而且是对其作为交换媒介、价值储存手段、计价单位的认可。经济基础及对美元相对能力的共同理解最为重要。

美元仍处于首要地位,或者一些人认为美元的地位强于欧元的地位,尽管欧元与美元都处于世界货币舞台的中心。自第二次世界大战结束以来,美元的特权地位有助于美国实施对外政策和国家安全政策——如上文所述,与 19 世纪末、20 世纪初英国凭借英镑的首要地位维系全球帝业如出一辙。鉴于美元作为支付与国家储备方面的关键货币、计价单位、价值储存手段的全球地位,美国决策者随心所欲地部署部队。当美国决策者想要采取军事行动或为其他海外项目提供资金时,他们会使用这些便于被接受的美元。

自 21 世纪以来,欧元并没有如一些人所预料的那样挑战着美元。实际上,20 世纪美国与欧盟大国(德国、英国、法国及其他国家)的一般合作在货币领域得以维系,其中美元、欧元、英镑是关键货币。在欧美-大西洋这一地区的大多数情况下,以合作性、双向或三向沟通的共同努力维系着国际流动性。在某种程度上,美元与欧元、英镑的联系与 20 世纪 20 年代英美两国货币官员在英镑-美元外交上的密切协作如出一辙。就像现在一样,当时货币领域的合作性安全取决于财政部和中央银行官员所实施的应对挑战的务实方法。

中国、俄罗斯、巴西和印度等主要参与者的货币几乎确定无疑的是将会比现在更加突出,因此在很大程度上的多边主义的个人与制度性基础需要到位,以此维系经济安全和国家安全。当美国不再占有绝对优势时,强化和扩展合作性规范——使国家制度及国际制度适应货币领域更多的参与者——是日后不可缺少的措施。

历史性思考

我们能够从历史性叙述中汲取有益的教训。财政部和中央银行的积极措施对于维系国际货币机制而言是关键的。19世纪金本位制(更准确地说是英镑-黄金本位制)下的货币事务是自发的——完全交给了市场——这纯属虚构。实际上,中央银行和私人银行行长绝非消极无为。英格兰银行的贴现率——提高或降低贴现率——直接影响着资本流动,意在服务银行和英国的全球经济利益和国家安全利益。时不时的主权救助计划是维系欧洲的国际流动性所必需的。就像现在一样,当时维护经济安全和国家安全所偏好的方法是使用涉及私人银行和中央银行金库的资本转移的合作性措施。

我们也从历史的角度思考合作性安全在战时多么重要——至少在联盟中是如此。另一方面,不仅盟国需要兑换货币,而且敌对国也需要兑换对方的货币以为收集情报、间谍活动、采购及其他活动提供资金。瑞士、荷兰在第一次世界大战中保持中立,为交战双方交易对方货币提供了便利。除了敌对国之外,巩固为自己国家及其盟国——对于国家目标及其盟国的目标所不可缺少的利益——而开展所需的金融手段是战时的合作性安全。当时中央银行行长与财政部官员在许多方面是至关重要的,但是大多数战争叙述往往忽视了这些方面。当涉及安全时,货币总是举足轻重的,特别是在当时的情况下。资本所有者、管理者及其选择是有决定性影响的。

两次世界大战之间的时期清楚地说明,货币、我们所制定的兑换规则、处理这些问题的金融机构、用以兑换其他货币的市场都是如何由社会建构而成的。如凯恩斯所言,当与"传统金融"有关的观念不加鉴别地被用于其他时间和环境时,这些观念会产生严重的不利影响。被高估的货币,例如英镑——以战前的汇率确定其币值,如同资本所有者或管理者中有学识的人所青睐的象征性原因一样——不仅在大萧条之前严重损害了英国工人阶级,而且也不利于那些在繁荣的出口贸易中有利害的资本利益者。

界定着政策选择范围的概念和观念会变化,因为新观念取代了旧有观念。当英镑最终被允许下浮到其实际市场价值时,一位工党议员说道:“他们从未告诉我们这么做。”“他们”意指货币官员及其他专家——资本管理者。实际上工党通常遵从他们的建议,就像现在一样。当时经济安全、国家安全取决于对如下问题的批判性思考,即内嵌在理论中的诸多观念在实践上是如何应用的。在紧缩时期(就像高估主权货币)进一步紧缩财政政策、货币政策的做法不是补救国内外不利经济情况的恰当方式。

大萧条始于20世纪30年代初“以邻为壑”的政策,20世纪30年代后半期最终让步于合作性安全。当时欧洲再次分裂为不同的阵营。德国逐渐恢复了其在中欧、轴心国的主导地位,然而英国、法国(与后来的美国)则是战争爆发后西欧联盟的核心。如同第一次世界大战那样,战时外汇管制在每个联盟内各得其所——因而战时成本外部化了——在某种程度上让其他国家分担了这些成本或将其强加给了其他国家。由于在第二次世界大战期间,荷兰处于被占领状态,因此瑞士(包括总部位于巴塞尔的国际清算银行)仍是货币兑换、情报及其他需要敌国货币行动的主要中立区。

从两次世界大战期间所汲取的“教训”深刻影响着第二次世界大战后新罕布什尔州布雷顿森林会议的设计。自由主义的合作性安全观将相对固定汇率制的恢复以及国际货币基金组织的制度化视为国家轻易获得所需资本以维系这些汇率的方式和手段。为了使新机制运转起来,财政部长和中央银行行长需要在这一制度性框架内外采取合作性措施。就像当时其他领域的“新”多边主义思想一样,经济安全和国家安全是个合作性事务。

20世纪60年代末,特别提款权机制的设立是一个制度化的尝试,而且使维系国际货币机制所需的协作更为自然。然而如随后的事件所表明的,1966年国际货币基金组织份额的大量增加及其后的特别提款权共识都不足以维系布雷顿森林机制。联邦德国的利益诉求在于确保美国对北约的坚定承诺,而且冷战时期联邦德国处于欧洲中部前线的前沿防御阵地，有力地促使德国协助解决法美分歧。最终，美国经受住了法国的挑战，仍占据优势地位。

20 世纪 70 年代，布雷顿森林机制的固定汇率制（及其对美国决策者的挑战）让位于更为灵活的汇率机制。当时汇率随市场供求自由波动，而且财政部和中央银行并不为了维系相对固定的汇率（在官方平价 1%的幅度内波动）而对货币市场进行干预。仅当汇率大幅波动时，货币当局才协调其干预。事实上，这提高了美国及其他国家决策者的政策自由。这些决策者以往受到在布雷顿森林体系的规则下相对固定汇率的压力的约束。货币时常的贬值能够为不断增加的政府海外购买，特别是战争及次要的意外事件提供资金。只要美国信誉和对美元的认可未处险境，新的机制就为美国对外政策及国家安全的大量海外开支提供资金。

虽然美国和欧洲的中央银行及财政部官员竞争性地经营美元、欧元和英镑，但是与此同时，他们也建设性地合作。虽然货币估值不同，但是日元和人民币也是如此。从更大意义上说，为有助于协作的规范的制度化助力也是个保守的、对未来至关重要的举措。当然美国一直协助规范的制度化。

当美国不再占据以往在国际货币事务中的首要地位时，美国或许再也无力起到自第二次世界大战以来在维系国际货币机制方面卓越、往往是决定性的作用。对美国自我防御以及继续追求海外机会方面的能力的有效影响取决于事先做好的工作。这些工作甚至进一步使多边规范制度化了，然而多边规范支持用以解决决策者所面临的、时常令人烦恼的货币挑战与安全挑战的诸多务实、和平的方法。

总结性思考

美元的币值及其作为储备货币的认可是一个国家安全议题，这本应（但并不总是）是显而易见的。令人苦恼的是，政策界的许多人往往将美元的国际地位视为理所当然的，特别是那些以政府关门或拖欠债务相威胁的国会议员削弱了美国的信誉，而且使美元的特权地位陷入险境。无论国会议员的政策或者意识形态动机的合法性如何，他们几乎不知道(或往往意识到)自己破坏了国家安全。

事实上如上文所述，美国以美元向其对外政策、国家安全政策提供资金，与在19世纪末、20世纪初英国曾经以英镑维系大英帝国一样，而且当时英镑是主要的储备货币。自第二次世界大战结束以来，美国政府花掉美元，用于自己的对外政策和国家安全政策方面的目标，似乎并没有其他国家所面临的限制。这一能力在根本上取决于美元的地位——金融市场是如何理解经济基础与政府信誉的，而且各国政府是否会持有大量接受超过其储备实际所需的美元。就像货币本身是个社会建构一样，美元作为储备货币的角色也是如此。

除了美国对外政策或军事目的之外，广义上而言国家安全也包括经济安全。经济生产率、资本投资及其回报、国内和全球层面的贸易及其他商业形式都取决于对美元作为全球“法定货币”或交换媒介得到的一如既往的认可。

诸多危机的补救方案在于并非只有在金融危机时期，中央银行行长和财政部长之间才形成的多边的合作性安全关系。在巴塞尔或其他地方定期召开的面对面会议、持续不断的通信联系及其之间例行性互动是维系国际货币机制及各国货币活力的关键。合作性安全关系是维系全球经济所依赖的美元、欧元及其他国家货币活力的关键。

因此，货币官员之间的合作仍是国家安全的重要内容(即便经常被忽视了)。实际上，当前商业不断的全球化极大增强了货币危机时期所经历的负外部性，然而这些负外部性对国家经济和全球商业的不利影响不易于遏制。

如此理解的话，货币领域的国家安全显然不是国防部和国务院的职责。相反，这是财政部官员和中央银行行长的责任，但是这完全是政府部门与机构在实施美国对外政策与国家安全政策时所依赖的国家安全职责。我们在美国制造国内挑战，因为这无论如何会危及美元的地位。

笔者概述下本书所阐明的重大主题，以完成本部分的论述：

第一，美元的币值是美国国家安全所倚重的“硬权力”的必要组成部分(即便这经常被忽视或被低估了)。

第二,财政(支出、税赋和借款)政治、将美国信誉置于险境的国家债务政治也危及国家安全和美国对外政策的全球实施。

第三,一般而言,国家安全和军事能力特别取决于其所依赖的经济基础,而且经济基础直接影响着国家安全与军事能力。

第四,正如英国、19 世纪与 20 世纪的其他帝国,美国的全球地位基本上是其经济能力以及美元相对于其他货币的币值——国家经济地位的指标——的产物。

第五,货币的实际价值不仅是其相对于其他货币的汇率,而且包括对其作为交换媒介、价值储存手段、计价单位的认可。经济以及对其相对能力的理解最为重要,决定着美元或任何货币的这一实际价值。

第六,所有这些有关价值、相对价值的经济决定因素不仅取决于政策精英的观念,而且取决于大众的观念。

最后,经济安全和国家安全取决于与“硬权力”的国际货币维度相关的合作性措施。就此而言,规范和制度至关重要。如已故的厄恩斯特·哈斯经常提及的那样,根植于(相关者的)利益的观念仍是政治的动因。

参考文献

Acheson, A. L. K., J. F. Chant, and M. F. J. Prachowny. *Bretton Woods Revisited.* Toronto: University of Toronto Press, 1972.

Acheson, Dean. *Present at the Creation: My Years in the State Department.* New York: W. W. Norton, 1969.

Ahamed, Liaquat. *Lords of Finance: The Bankers Who Broke the World.* New York: Penguin, 2009.

Aliber, Robert Z. *The International Money Game.* New York: Basic, 1973.

———. *Stabilizing World Money Arrangements.* London: Trade Political Research Centre, 1979.

Allen, Larry. *The Global Financial System, 1750–2000.* London: Reaktion, 2001.

Allison, Graham T. *Essence of Decision.* Boston: Little Brown, 1971.

Argg, Victor E. *The Postwar International Money Crisis.* Boston: Allen and Unwin, 1981.

Aronson, Jonathan David. "The Impact of American Commercial Banks on the International Monetary System, 1958–1976." Unpublished Ph.D. dissertation, Stanford University, 1976.

———. *Money and Power: Banks and the World Monetary System.* Beverly Hills, CA: Sage, 1977.

Artus, Jacques R., and John H. Young. "Fixed and Flexible Exchange Rates: A Renewal of the Debate." *IMF Staff Papers* 26, no. 4 (December 1979).

Auboin, Roger. *The Bank for International Settlements.* Princeton Studies in International Finance no. 22. Princeton: Princeton University Department of Economics, 1955.

Axelrod, Robert. *Structure of Decision: The Cognitive Maps of Political Elites.* Princeton: Princeton University Press, 1976.

Bagehot, Walter. *Lombard Street: A Description of the Money Market.* Fairford, UK: Echo Library, 1873, 2005.

Bair, Sheila. *Bull by the Horns: Fighting to Save Main Street from Wall Street and Wall Street from Itself.* New York: Free Press, 2012.

Baker, Andrew. *The Group of Seven: Finance Ministries, Central Banks and Global Financial Governance.* London and New York: Routledge, 2006.

Barkin, J. Samuel. *Social Construction and the Logic of Money: Financial Predominance and International Economic Leadership.* Albany: State University of New York Press, 2003.

Barofsky, Neil. *Bailout: An Inside Account of How Washington Abandoned Main Street While Rescuing Wall Street.* New York: Free Press, 2012.

Bergsten, C. Fred. *The Dilemmas of the Dollar: The Economics and Politics of United States International Monetary Policy.* Council on Foreign Relations Book. New York: New York University Press, 1975; 2nd ed., Armonk, NY, and London: M. E. Sharpe, 1996.

Bird, Graham. *The International System and the Less Developed Country.* 2nd ed. London: Macmillan, 1982.

Black, Stanley. *International Money Markets and Flexible Exchange Rates.* Princeton Studies in International Finance no. 32. Princeton: Princeton University Department of Economics, 1973.

Block, Fred L. *The Origins of International Economic Disorder: A Study of United States International Monetary Policy from World War II to the Present.* Berkeley: University of California Press, 1978.

Bloomfield, Arthur I. "The Historical Setting." In *European Monetary Unification and Its Meaning for the United States.* Edited by Lawrence B. Krause and Walter S. Salant. Washington, DC: Brookings Institution, 1973.

———. *Monetary Policy under the International Gold Standard: 1880–1914.* New York: Federal Reserve Bank, 1959.

———. *Patterns of Fluctuation in International Investment before 1914.* Princeton Studies in International Finance no. 21. Princeton: Princeton University Department of Economics, 1968.

———. *Short-Term Capital Movements under the Pre-1914 Gold Standard.* Princeton Studies in International Finance no. 11. Princeton: Princeton University Department of Economics, 1963.

Blum, John Morton. *From the Morgenthau Diaries: Years of War, 1941–1945.* 3 vols. Boston: Houghton Mifflin, 1959, 1965, 1967.

———. *Roosevelt and Morgenthau: A Revision and Condensation from the Morgenthau Diaries.* Boston: Houghton Mifflin, 1970.

Borio, Claudio, Gianni Toniolo, and Piet Clement, eds. *Past and Future of Central Bank Cooperation.* Cambridge: Cambridge University Press, 2008.

Brenner, Michael D. *The Politics of International Monetary Reform: The Exchange Crisis.* Cambridge, MA: Ballinger, 1976.

Brett, E. A. *International Money and Capitalist Crisis: The Anatomy of Global Disintegration.* Boulder, CO: Westview, 1983.

Brown, Brendan. *The Dollar-Mark Axis: On Currency Power.* New York: St. Martin's, 1979.

Brown, William Adams, Jr. *The International Gold Standard Reinterpreted, 1914–1934*. 2 vols. New York: National Bureau of Economic Research, and AMS, 1970.

Bull, Hedley. *The Anarchical Society: A Study of Order in World Politics*. New York: Columbia University Press, 1977.

Buzan, Barry. "The Interdependence of Security and Economic Issues in the 'New World Order.'" In *Political Economy and the Changing World Order*. Edited by Richard Stubbs, and Geoffrey R. D. Underhill. New York: St. Martin's, 1994, 89–102.

Calleo, David P. "The Historiography of the Interwar Period: Reconsiderations." In *Balance of Power or Hegemony: The Interwar Monetary System*. Edited by Benjamin M. Rowland. New York: New York University Press, 1976.

———, ed. *Money and the Coming World Order*. New York: New York University Press, 1976.

Calleo, David P., and Benjamin M. Rowland. *America and the World Political Economy*. Bloomington: Indiana University Press, 1973.

Carr, Edward Hallett. *Nationalism and After*. London: Macmillan, 1945.

———. *Conditions of Peace*. New York: Macmillan, 1947.

Carter, Ashton B., William J. Perry, and John D. Steinbruner. *A New Concept of Cooperative Security*. Brookings Occasional Papers. Washington, DC: Brookings Institution, 1992.

Cassell, Gustav. *The Downfall of the Gold Standard*. London: Frank Cass, 1936, 1966.

CED. *The Dollar and the World Monetary System*. New York: Committee for Economic Development, 1966.

Cerny, Philip G. "Gridlock and Decline: Financial Internationalization, Banking Politics, and the American Political Process." In *Political Economy and the Changing World Order*. Edited by Richard Stubbs and Geoffrey R. D. Underhill. New York: St. Martin's, 1994, 425–438.

Chick, Victoria. *Transnational Enterprises and the Evolution of the International Monetary System*. Sydney, Australia: Faculty of Economics, University of Sydney, 1976.

Clarke, Stephen V. O. *Central Bank Cooperation: 1924–1931*. New York: Federal Reserve Bank, 1967.

Clendenning, E. Wayne. *The Euro-dollar Market*. Oxford: Clarendon, 1970.

Cline, William R. *International Monetary Reform and the Developing Countries*. Washington, DC: Brookings Institution, 1976.

———. *International Debt: Systemic Risk and Policy Response*. Washington, DC: Institute for International Economics/MIT Press, 1984.

Coffey, Peter, and John R. Presley. *European Monetary Integration*. London: Macmillan/St. Martin's, 1971.

Cohen, Stephen D. *International Monetary Reform, 1964–1969: The Political Dimension*. New York: Praeger, 1970.

———. "The System Responds to Exchange Rate and Trade Balance Disequilibria." In *The Making of United States International Economic Policy*. Edited by Stephen D. Cohen. 4th ed. Westport, CT, and London: Praeger, 1994.

Coleman, William D., and Tony Porter. "Regulating International Banking and Securities." In *Political Economy and the Changing World Order.* Edited by Richard Stubbs and Geoffrey R. D. Underhill. New York: St. Martin's, 1994, 190–203.

Commonwealth Secretariat. *Towards a New Bretton Woods: Challenges to the World Financial and Trading System.* London: Cartermill International (September 1983).

Conan, A. R. *The Rationale of the Sterling Area.* London: Macmillan, 1961.

Condoide, Mikhail V. *The Soviet Financial System: Its Development and Relations with the Western World.* Columbus: Ohio State University, 1951.

Cooper, Richard N. "An Analysis of Currency Devaluation in Developing Countries." In *International Trade and Money: The Geneva Essays.* Edited by Michael B. Connolly and Alexander K. Swoboda. Toronto: University of Toronto Press, 1973, 167–196.

———. "Prolegomena to the Choice of an International Monetary System." *International Organization* 29, no. 1 (Winter 1975).

Cox, Robert W. "Politics of Money and Trade." In *International Organization: World Politics.* Edited by Robert W. Cox. London: Macmillan, 1969.

Coyne, Deborah M. R. *Monetary and Financial Reform: The North-South Controversy.* Ottawa: North-South Institute, 1984.

Dam, Kenneth W. *The Rules of the Game: Reform and Evolution in the International Monetary System.* Chicago: University of Chicago Press, 1982.

Davidson, Paul. *International Money and the Real World.* New York: Wiley, 1982.

Deane, Marjorie. *Economic Cooperation from the Inside.* New York: Group of Thirty, 1984.

deCecco, Marcello. *Money and Empire: The International Gold Standard, 1890–1914.* Oxford: Basil Blackwell, 1974.

deGoede, Marieke. *Virtue, Fortune and Faith: A Genealogy of Finance.* Minneapolis: University of Minnesota Press, 2005.

Del Mar, Alexander. *History of Monetary Systems.* London: Effingham Wilson, Royal Exchange, 1895; and New York: Augustus M. Kelley, 1969.

Deutsch, Karl W. *The Nerves of Government.* New York: Free Press, 1963, 1966.

deVegh, Imre. *The Pound Sterling: A Study of the Balance of Payments of the Sterling Area.* New York: Scudder, Stevens, and Clark, 1939.

deVries, Tom. "Jamaica, or the Non-Reform of the International Monetary System." *Foreign Affairs* 54, no. 3 (April 1976).

Dombrowski, Peter. *Policy Responses to the Globalization of American Banking.* Pittsburgh: University of Pittsburgh Press, 1996.

———, ed. *Guns and Butter: The Political Economy of National Security.* Boulder, CO: Lynne Rienner, 2005.

Donn, Albert I. *World War II Prisoner of War Scrip of the United States.* Iola, WI: Krause, 1970.

Eckes, Alfred E., Jr. *A Search for Solvency: Bretton Woods and the International Monetary System, 1941–1971.* Austin: University of Texas Press, 1975.

Eichengreen, Barry. *Golden Fetters?: The Gold Standard and the Great Depression, 1919–1939.* New York: Oxford University Press, 1992.

———. *Globalizing Capital: A History of the International Monetary System.* Princeton: Princeton University Press, 1996.

———. *The European Economy since 1945: Coordinated Capitalism and Beyond.* Princeton: Princeton University Press, 2007.

———. *Exorbitant Privilege: The Rise and Fall of the Dollar and the Future of the International Monetary System.* Oxford: Oxford University Press, 2011.

Einzig, Paul. *World Finance, 1914–1935.* New York: Macmillan, 1935.

———. *The History of Foreign Exchange.* New York: St. Martin's, 1962.

Everest, Allan Seymour *Morgenthau, the New Deal and Silver: A Story of Pressure Politics.* New York: Da Capo, 1973.

Fagan, Stuart I. *Central American Economic Integration: The Politics of Unequal Benefits.* Berkeley: University of California Institute of International Studies, 1970.

Ferguson, Niall. *The Ascent of Money: A Financial History of the World.* New York: Penguin, 2008.

Ford, A. G. *The Gold Standard, 1890–1914: Britain and Argentina.* Oxford: Clarendon, 1962.

Frances, Stewart. *International Financial Cooperation: A Framework for Change.* Boulder, CO: Westview, 1982.

Frankel, Jeffrey A. *The Yen/Dollar Agreement: Liberalizing Japanese Capital Markets.* Policy Analyses in International Economics no. 9. Washington, DC: Institute for International Economics, 1984.

Franks, Edward Carr. *Flexible vs. Fixed Exchange Rates and International Monetary Stability.* Santa Monica, CA: RAND Paper P-6093, December 1977.

Friedland, Edward I. *Introduction to the Concept of Rationality in Political Science.* Morristown, NJ: General Learning, 1974.

Friedman, Milton. "Six Fallacies." *Wall Street Journal.* June 30, 1975.

Friedman, Milton, and Robert V. Roosa. *The Balance of Payments: Free versus Fixed Exchange Rates.* Washington, DC: American Enterprise Institute for Public Policy Research, 1967.

Friedman, Milton, and Anna Jacobson Schwartz. *A Monetary History of the United States, 1867–1960.* Study by the National Bureau of Economic Research. Princeton: Princeton University Press, 1963.

———. *Monetary Statistics of the United States: Estimates, Sources, Methods.* Study by the National Bureau of Economic Research. New York: Columbia University Press, 1970.

Frolich, Norman, Joe A. Oppenheimer, and Oran R. Young. *Political Leadership and Collective Goods.* Princeton: Princeton University Press, 1971.

Galbraith, John Kenneth. *Money: Whence It Came, Where It Went.* Boston: Houghton-Mifflin, 1975.

Gardner, Richard N. *Sterling-Dollar Diplomacy: Anglo-American Collaboration in the Reconstruction of Multilateral Trade.* Oxford: Clarendon, 1956.

Geltz, Theodore H. *The International Balance of Payments and the Military Services.* Air War College thesis no. 2472. Montgomery, AL: Air War College, 1964.

Gilbert, Charles. *American Financing of World War I.* Westport, CT: Greenwood, 1970.

Gilbert, Milton. *Quest for World Monetary Order: The Gold-Dollar System and Its Aftermath.* New York: Wiley, 1980.

Gilpin, Robert. *U.S. Power and the Multinational Corporation: The Political Economy of Foreign Direct Investment.* New York: Basic, 1975.

———. "Economic Interdependence and National Security in Historical Perspective." In *Economic Issues and National Security.* Edited by Klaus Knorr and Frank N. Trager. Lawrence: Allen Press (Regents Press of Kansas), 1977, 19–66.

———. *The Political Economy of International Relations.* Princeton: Princeton University Press, 1987.

———. *The Challenge of Global Capitalism: The World Economy in the 21st Century.* Princeton: Princeton University Press, 2000.

———. *Global Political Economy.* Princeton: Princeton University Press, 2001.

Gold, Joseph. *Special Drawing Rights.* Washington, DC: International Monetary Fund, 1970.

———. *The Stand-by Arrangements of the International Monetary Fund.* Washington, DC: International Monetary Fund, 1970.

———. *Order in International Finances: The Promotion of the IMF Stand-by Arrangement and the Drafting of Private Loan Agreements.* Washington, DC: International Monetary Fund, 1982.

Goode, Richard. *Economic Assistance to Developing Countries through the IMF.* Studies in International Economics. Washington, DC: Brookings Institution, 1985.

Gowa, Joanne. *Closing the Gold Window: Domestic Politics and the End of Bretton Woods.* Ithaca, NY: Cornell University Press, 1983.

Greider, William. *Secrets of the Temple: How the Federal Reserve Runs the Country.* New York: Simon and Schuster, 1987.

Griffith-Jones, Stephany. *International Finance and Latin America.* New York: St. Martin's, 1984.

Grubel, Herbert G., ed. *World Monetary Reform: Plans and Issues.* Stanford: Stanford University Press, 1963.

Guitián, Manuel. *The Unique Nature of the Responsibilities of the International Monetary Fund.* Pamphlet Series no. 46. Washington, DC: International Monetary Fund, 1992.

Haas, Peter M., ed. *Knowledge, Power, and International Policy Coordination.* Columbia: University of South Carolina Press, 1992.

Haberler, Gottfried. *A Survey of International Trade.* Special Papers in Economics no. 1. Princeton: Princeton University Department of Economics, 1961.

Habermas, Jürgen. *The Crisis of the European Union: A Response.* Cambridge, UK: Polity, 2011, 2012.

Hall, Rodney Bruce. *Central Banking as Global Governance: Constructing Financial Credibility.* Cambridge: Cambridge University Press, 2008.

Hamelink, Cees J. *Finance and Information: A Study of Converging Interests.* Norwood, NJ: Ablex, 1983.

Harrod, Roy F. *The Pound Sterling.* Princeton Studies in International Finance no. 13. Princeton: Princeton University Department of Economics, 1952.

———. "Problems Perceived in the International Financial System." In *Bretton Woods Revisited.* Edited by A. L. K. Acheson et al. Toronto: University of Toronto Press, 1972.

Hawtrey, R. G. *The Gold Standard in Theory and Practice.* 5th ed. London: Longman's, Green, 1927, 1947.

Helleiner, Eric. "From Bretton Woods to Global Finance: A World Turned Upside Down." In *Political Economy and the Changing World Order.* Edited by Richard Stubbs and Geoffrey R. D. Underhill. New York: St. Martin's, 1994, 163–175.

———. *States and the Reemergence of Global Finance: From Bretton Woods to the 1990s.* Ithaca, NY: Cornell University Press, 1994.

Helleiner, Eric, and Jonathan Kirshner, eds. *The Future of the Dollar.* Ithaca, NY: Cornell University, 2009.

Heller, E. Robert. *International Trade: Theory and Empirical Evidence.* Englewood Cliffs, NJ: Prentice Hall, 1968.

Hieronymi, Otto, ed. *Globalization and Reform of the International Banking and Monetary System.* New York: Palgrave, 2009.

Higham, Charles *Trading with the Enemy: The NAZI-American Money Plot, 1933–1949.* New York: Barnes and Noble, 1983.

Hinshaw, Randall, ed. *Global Monetary Anarchy: Perspectives on Restoring Stability.* Beverly Hills, CA, and London: Sage, 1981.

Hirsch, Fred. *Money International.* Garden City, NY: Doubleday, 1969.

———. *An SDR Standard: Impetus, Elements, and Impediments.* Princeton Studies in International Finance no. 99. Princeton: Princeton University Department of Economics, 1973.

Hirschman, Albert O. *The Passions and the Interests: Political Arguments for Capitalism before Its Triumph.* Princeton: Princeton University Press, 1977.

Hobsbawm, E. J. *Industry and Empire.* Baltimore, MD: Penguin, 1968, 1969.

Hodgman, Donald R. *National Monetary Policies and International Cooperation.* Boston: Little Brown, 1974.

Hodgson, James Goodwin. *Cancellation of International War Debts.* New York: H. W. Wilson, 1932.

Hogan, Edward B. *The Gold Problem and US National Interests.* Air War College Research Report no. 3618. Montgomery, AL: Air War College, 1968.

Holtrop, M. W. "Central Banking and Economic Integration." Lecture. Stockholm: Per Jacobson Foundation, 1968.

Horsefield, J. Keith, ed. *The International Monetary Fund, 1945–1965: Twenty Years of International Monetary Cooperation.* 3 vols. Washington, DC: International Monetary Fund, 1969.

Hosli, Madeleine O. *The Euro: A Concise Introduction to European Monetary Integration.* Boulder: Lynne Rienner, 2005.

Ikenberry, G. John. "A World Economy Restored: Expert Consensus and the Anglo-American Postwar Settlement." In *Knowledge, Power, and International Policy Coordination.* Edited by Peter M. Haas. Columbia: University of South Carolina Press, 1992, 265–287.

———. *Liberal Leviathan: The Origins, Crisis, and Transformation of the American World Order*. Princeton: Princeton University Press, 2011.

Ingram, James C. *The Case for European Monetary Integration.* Princeton Studies in International Finance no. 98. Princeton: Princeton University Department of Economics, 1973.

Inouye, Junnosuke. *Problems of the Japanese Exchange: 1914–1926.* London: Macmillan, 1931.

Jacobsson, Per. "The Role of Money in a Dynamic Economy." Arthur K. Salomon lecture. New York: New York University Graduate School of Business Administration, 1963.

James, Harold. *Making the European Monetary Union.* Cambridge: Harvard University Press/Belknap, 2012.

Jèze, Gaston, and Henri Truchy. *The War Finance of France.* New Haven: Yale University Press, 1927.

Kane, Daniel R. *The Eurodollar Market and the Years of Crisis.* New York: St. Martin's, 1983.

Kapstein, Ethan Barnaby. "Between Power and Purpose: Central Bankers and the Politics of Regulatory Convergence." In *Knowledge, Power, and International Policy Coordination.* Edited by Peter M. Haas. Columbia: University of South Carolina Press, 1992, 265–287.

———. *The Political Economy of National Security: A Global Perspective.* New York: McGraw-Hill, 1992.

Kapur, Devesh. "The IMF: A Cure or a Curse." *Foreign Policy* 3 (Summer 1998): 114–129.

Kelly, Janet. "International Monetary Systems and National Security." In *Economic Issues and National Security.* Edited by Klaus Knorr and Frank N. Trager. Lawrence: Allen Press (Regents Press of Kansas), 1977, 231–58.

Kenen, Peter B. *The Role of the Dollar as an International Currency.* New York: Group of Thirty, 1983.

———. *Managing Exchange Rates.* Royal Institute of International Affairs, Chatham House Papers. London and New York: Routledge, 1988.

Kennan, George F. *Around the Cragged Hill: A Personal and Political Philosophy.* New York: W. W. Norton, 1993.

Keohane, Robert O., and Joseph S. Nye. *Power and Interdependence: World Politics in Transition.* Boston: Little Brown, 1977.

———, eds. *Transnational Relations and World Politics.* Cambridge: Harvard University Press, 1970, 1971.

Keynes, John Maynard. *The Economic Consequences of the Peace.* New York: Harcourt, Brace and Howe, 1920.

———. *The End of Laissez-Faire.* London: Hogarth, 1926.

———. "The British Balance of Payments: 1925–1927." *Economic Journal* (December 1927).

———. "The Economic Consequences of Mr. Churchill." In Keynes, *Essays in Persuasion.* New York: Harcourt, Brace, 1932.

———. *Essays in Persuasion.* New York: Harcourt, Brace, 1932.

———. *The General Theory of Employment, Interest and Money.* New York: Harcourt Brace Jovanovich, 1935, 1953.

———. *How to Pay for the War: A Radical Plan for the Chancellor of the Exchequer.* New York: Harcourt, Brace, 1940.

Kindleberger, Charles P. *Foreign Trade and the National Economy.* New Haven: Yale University Press, 1962.

———. *Power and Money: The Politics of International Economics and the Economics of International Politics.* New York: Basic, 1970.

———. *The Formation of Financial Centers: A Study in Comparative Economic History.* Princeton Studies in International Finance no. 36. Princeton: Princeton University Department of Economics, 1974.

———. *The World in Depression, 1929–1939.* Berkeley: University of California Press, 1973.

———. "Systems of International Economic Organization." In *Money and the Coming World Order.* Edited by David P. Calleo. New York: New York University Press, 1976.

———. *A Financial History of Western Europe.* London: George Allen and Unwin, 1984.

Kirshner, Jonathan. *Currency and Coercion: The Political Economy of International Monetary Power.* Princeton: Princeton University Press, 1995, 1997.

Knorr, Klaus. *Power and Wealth: The Political Economy of International Power.* New York: Basic, 1973.

———. "Economic Interdependence and National Security." In *Economic Issues and National Security.* Edited by Klaus Knorr and Frank N. Trager. Lawrence: Allen Press (Regents Press of Kansas), 1977, 1–18.

———. "International Economic Leverage and Its Uses." In *Economic Issues and National Security.* Edited by Klaus Knorr and Frank N. Trager. Lawrence: Allen Press (Regents Press of Kansas), 1977, 99–126.

———. "Military Strength: Economic and Non-Economic Bases." In *Economic Issues and National Security.* Edited by Klaus Knorr and Frank N. Trager. Lawrence: Allen Press (Regents Press of Kansas), 1977, 183–199.

Kobayashi, Ushisaburo. *War and Armament Loans of Japan.* New York: Oxford University Press, 1922.

Kooker, Judith L. "French Financial Diplomacy: The Interwar Years." In *Balance of Power or Hegemony: The Interwar Monetary System.* Edited by Benjamin M. Rowland. New York: New York University Press, 1976.

Kraft, Joseph. *The Mexican Rescue.* New York: Group of Thirty, 1984.

Krause, Lawrence B., and Walter S. Salant, eds. *European Monetary Unification and Its Meaning for the United States.* Washington, DC: Brookings Institution, 1973.

Kris, Miroslav A. *Gold: Barbarous Relic or Useful Instrument?* Princeton Studies in International Finance no. 60. Princeton: Princeton University Department of Economics, 1967.

Krugman, Paul. *The Return of Depression Economics and the Crisis of 2008.* New York: W. W. Norton, 1999, 2009.

Lane, Frederic C. *Venice: A Maritime Republic.* Baltimore, MD: Johns Hopkins University Press, 1973.

Laulan, M. Yves, ed. *Banking, Money and Credit in Eastern Europe.* Brussels: NATO Information Service, 1973.

Leive, David M. *International Regulatory Regimes.* Lexington, MA: Lexington, 1976.

Lester, Richard A. *International Aspects of Wartime Monetary Experience.* Princeton Studies in International Finance no. 3. Princeton: Princeton University Department of Economics, 1944.

Lewis, Michael. *Boomerang: Travels in the New Third World.* New York: W. W. Norton, 2011.

Lindert, Peter H. *Key Currencies and Gold, 1900–1913.* Princeton Studies in International Finance no. 24. Princeton: Princeton University Department of Economics, 1969.

Lipson, Charles. "Bankers' Dilemmas: Private Cooperation in Rescheduling Private Debts." In *Cooperation under Anarchy.* Edited by Kenneth A. Oye. Princeton: Princeton University Press, 1986, 200–225.

Llewellyn, David T. *International Financial Integration and the Limits of Sovereignty.* New York: Macmillan, 1980.

Lomax, David F., and P. T. G. Gutmann. *The Euromarkets and International Financial Policies.* New York: Wiley, 1981.

Lutz, Friedrich A. *International Monetary Mechanisms: The Keynes and White Proposals.* Princeton Studies in International Finance no. 1. Princeton: Princeton University Department of Economics, 1943.

Macesich, George. *The International Monetary Economy and the Third World.* New York: Praeger, 1981.

———. *World Banking and Finance: Cooperation vs. Conflict.* New York: Praeger, 1984.

Machlup, Fritz. *Remaking the International Monetary System: The Rio Agreement and Beyond.* Baltimore, MD: Johns Hopkins University Press, 1968.

MacKenzie, Donald. *An Engine, Not a Camera: How Financial Models Shape Markets.* Cambridge: MIT Press, 2006.

Magnifico, Giovanni. *European Monetary Unification for Balanced Growth.* Princeton Studies in International Finance no. 88. Princeton: Princeton University Department of Economics, 1971.

———. *European Monetary Unification.* New York: John Wiley and Sons, 1973.

Mannheim, Karl. *Ideology and Utopia.* New York: Harcourt, Brace, and World, 1929, 1936.

———. *Freedom, Power and Democratic Planning.* Edited by Hans Gerth and Ernest K. Bramstedt. London: Routledge and Kegan Paul, 1950, 1951.

Mastanduno, Michael. "Economics and Security in Statecraft and Scholarship." *International Organization* 52 (1998): 825–854.

Mattione, Richard P. *OPEC's Investments and the International Financial System.* Washington, DC: Brookings, 1985.

Maullin, Richard L. *The Colombia-IMF Disagreement of November-December 1966: An Interpretation of Its Place in Colombian Politics.* Santa Monica, CA: RAND Memorandum RM-5314-RC, June 1967.

McCormick, Bruce. "The Smithsonian Agreement: The Road to the 'Greatest Monetary Achievement in the History of the World.'" Unpublished paper (photocopy). University of California, Berkeley. 1975.

McKinnon, Ronald I. *Private and Official International Money: The Case for the Dollar.* Princeton Studies in International Finance no. 74. Princeton: Princeton University Department of Economics, 1969.

———. *An International Standard for Monetary Stabilization.* Policy Analyses in International Economics no. 8. Washington, DC: Institute for International Economics, 1984.

McNeil, William C. *American Money and the Weimar Republic: Economics and Politics on the Eve of the Great Depression.* New York: Columbia University Press, 1986.

Mead, Walter Russell. *God and Gold: Britain, America, and the Making of the Modern World.* New York: Random House/Vintage, 2007.

Meade, James E. *The Belgium-Luxembourg Economic Union, 1921–1939.* Princeton: Princeton Studies in International Finance no. 25. Princeton: Princeton University Department of Economics, March 1956.

———. "The Future of International Monetary Payments." In *World Monetary Reform: Plans and Issues.* Edited by Herbert G. Grubel. Stanford: Stanford University Press, 1963.

Meier, Gerald M. *Problems of a World Monetary Order.* New York: Oxford University Press, 1982.

Mendelson, M. S. *Commercial Banks and the Restructuring of Cross-Border Debt.* New York: Group of Thirty, 1983.

Metzger, Laure. *American Loans in the Postwar Period.* Washington, DC: Foundations for Foreign Affairs, 1948.

Metzger, Stanley D. *Lowering Nontariff Barriers.* Washington, DC: Brookings Institution, 1974.

Meyer, Richard Hemmig. *Banker's Diplomacy: Monetary Stabilization in the Twenties.* New York: Columbia University Press, 1970.

Michelson, Alexander M., Paul N. Apostol, and Michael W. Bernatzky. *Russian Public Finance during the War.* New Haven: Yale University Press, 1928.

Mills, J. Saxon. *The Genoa Conference.* London: Hutchinson, c. 1923.

Missiroli, Antonio. *Euros for ESDP: Financing EU Operations.* Paris: Institute for Security Studies, European Union, Occasional Paper no. 45, June 2003.

Mitchell, B. R. *Abstract of British Historical Statistics.* Cambridge: Cambridge University Press, 1962.

Moffitt, Michael. *The World's Money: International Banking from Bretton Woods to the Brink of Solvency.* New York: Simon and Schuster, 1982.

Moggridge, D. E. *The Return to Gold, 1925: The Formulation of Policy and Its Critics.* Cambridge: Cambridge University Press, 1969.

———. *British Monetary Policy, 1924–1931: The Norman Conquest of $4.867.* Cambridge: Cambridge University Press, 1972.

Moncarz, Raul. "Monetary Aspects of the Central American Common Market." *Journal of Common Market Studies* 12, no. 2 (December 1973).

Monroe, W. F. *International Monetary Reconstruction.* Lexington, MA: Lexington, 1974.

Morgan, E. Victor. *A History of Money.* Baltimore, MD: Penguin, 1965.

Morgan-Webb, Sir Charles. *The Money Revolution.* New York: Economic Forum, 1935.

———. *The Rise and Fall of the Gold Standard.* New York: Macmillan Company, 1934.

Morrell, James. *The Future of the Dollar and the World Reserve System.* London and Boston: Butterworths, 1981.

Moulton, Harold G., and Leo Pasvolsky. *World War Debt Settlements.* New York: Macmillan, 1929.

———. *War Debts and World Prosperity.* Brookings Institution Study. New York: Century, 1932.

Myers, Margaret G. *A Financial History of the United States.* New York: Columbia University Press, 1970.

New, Noah C. *Effect of Military Expenditures on Gold Outflow.* Air War College Research Report no. 3662. Montgomery, AL: Air War College, 1968.

Newcomer, Mabel. *Central and Local Finance in Germany and England.* New York: Columbia University Press, 1937.

Norrlof, Carla. *America's Global Advantage: US Hegemony and International Cooperation.* Cambridge: Cambridge University Press, 2010.

Noyes, Alexander D. *The War Period of American Finance, 1908–1925.* New York: G. P. Putnam, 1974.

Nugent, Walter T. K. *Money and American Society: 1865–1880.* New York: Free Press, 1968.

Nurkse, Ragnar. *Conditions of International Monetary Equilibrium.* Princeton Studies in International Finance no. 4. Princeton: Princeton University Department of Economics, 1945.

Nussbaum, Arthur. *A History of the Dollar.* New York: Columbia University Press, 1957.

Odell, John S. *U.S. International Monetary Policy: Markets, Power, and Ideas as Sources of Change.* Princeton: Princeton University Press, 1982.

Offer, Avnar. *The First World War: An Agrarian Interpretation.* Oxford: Clarendon, 1989.

Oye, Kenneth A. *Eagle Entangled.* Edited by Donald Rothchild and Robert J. Lieber. New York: Longman, 1979.

———. "The Sterling-Dollar-Franc Triangle: Monetary Diplomacy, 1929–1937." In *Cooperation under Anarchy.* Edited by Oye. Princeton: Princeton University Press, 1986, 173–199.

———. *Economic Discrimination and Political Exchange: World Political Economy in the 1930s and 1980s.* Princeton: Princeton University Press, 1992.

Parboni, Riccardo. *The Dollar and Its Rivals: Recession, Inflation, and International Finance.* Translated by Jon Rothschild. London: NLB, 1981.

Paris, James Daniel. *Monetary Policies of the United States, 1932–1938.* New York: Columbia University Press, 1938.

Payer, Cheryl. *The Debt Trap: The International Monetary Fund and the Third World.* New York: Monthly Review Press, 1974.

Petrov, Vladimir. *Money and Conquest: Allied Occupation Currencies in World War II.* Baltimore, MD: Johns Hopkins University Press, 1967.

Piaget, Jean. *Structuralism.* Translated and edited by Chaninah Maschler. New York: Basic, 1970.

Pierce, David G., and David M. Shaw. *Monetary Economics: Theory, Evidence, and Policy.* London: Butterworth, 1974.

Polanyi, Karl. *The Great Transformation.* Boston: Beacon, 1957.

Poniachek, Harvey A. *Monetary Independence and Flexible Exchange Rates.* Boston: Lexington, 1979.

Pumphrey, Lowell M. "The Exchange Equalization Account of Great Britain, 1932–1939." *American Economic Review* 32 (1942).

Reed, Howard Curtis. *The Preeminence of International Financial Centers.* New York: Praeger, 1986.

Rees, David. *Harry Dexter White: A Study in Paradox.* New York: Coward, McCann and Geoghegan, 1973.

Reinhart, Carmen M., and Kenneth S. Rogoff. *This Time Is Different: Eight Centuries of Financial Folly.* Princeton: Princeton University Press, 2009.

Rickards, James. *Currency Wars: The Making of the Next Global Crisis.* New York: Portfolio/Penguin, 2011.

Robson, P., ed. *International Economic Integration.* Middlesex: Penguin, 1971, 1972.

Rolfe, Sidney E., and James Burtle. *The Great Wheel: The World Monetary System, a Reinterpretation.* New York: Quadrangle/New York Times , 1973.

Roosa, Robert V., and Fred Hirsch. *Reserves, Reserve Currencies, and Vehicle Currencies: An Argument.* Princeton Studies in International Finance no. 54. Princeton: Princeton University Department of Economics, 1966.

Rowland, Benjamin M., ed. *Balance of Power or Hegemony: The Interwar Monetary System.* New York: New York University Press, 1976.

Rueff, Jacques, and Fred Hirsch. *The Role and the Rule of Gold: An Argument.* Princeton Studies in International Finance no. 47. Princeton: Princeton University Department of Economics, 1965.

Rundell, Walter, Jr. *Black Market Money: The Collapse of U.S. Currency Control in World War II.* Baton Rouge: Louisiana State University Press, 1964.

Russell, Robert W. "Transgovernmental Interaction in the International Monetary System, 1960–1972." *International Organization* 17, no. 4 (Autumn 1973).

Rutlader, James. *Allied Military Currency: Issues of Military Payment Certificates from World War II to Date.* Kansas City, MO: Bill Johnson Creative Printers, 1968.

Sachs, Jeffrey. "Beyond Bretton Woods: A New Blueprint." In *Readings in International Political Economy.* Edited by David N. Balaam and Michael Veseth. Upper Saddle River, NJ: Prentice Hall, 1996.

Samuelson, Paul A. *Economics.* 9th ed. New York: McGraw-Hill, 1955, 1973.

Sayers, R. S. *History of the Second World War: Financial Policy, 1939–45.* London: H.M. Stationery Office and Longman's, Green, 1956.

Schmitter, Philippe C. *Autonomy or Dependence as Regional Integration Outcomes: Central America.* Berkeley: University of California Institute of International Studies, 1972.

Schumpeter, Joseph. *Capitalism, Socialism, and Democracy.* New York: Harper and Row, 1950, 1962.

Semmel, Bernard. *The Rise of Free Trade Imperialism: Classical Political Economy, the Empire of Free Trade and Imperialism, 1750–1850.* Cambridge: Cambridge University Press, 1970.

Sheppard, David K. *The Growth and Role of UK Financial Institutions: 1880–1962.* London: Methuen, 1971.

[Simon, William.] "Treasury Secretary Simon Replies." *Wall Street Journal.* June 16, 1975.

Skidelvsky, Robert J. A. "Retreat from Leadership: The Evolution of British Economic Foreign Policy, 1870–1939." In *Balance of Power or Hegemony: The Interwar Monetary System.* Edited by Benjamin M. Rowland. New York: New York University Press, 1976.

Sobol, Dorothy M. *Europe Confronts the Dollar: The Creation of the SDR, 1963–69.* New York: Garland, 1982.

Solomon, Robert. *The International Monetary System 1945–1976: An Insider's View.* New York: Harper and Row, 1977; rev. ed.: *The International Monetary System 1945–1981.* New York: Harper and Row, 1982.

Southard, Frank A., Jr. *Some European Currency and Exchange Experiences.* Princeton Studies in International Finance no. 7. Princeton: Princeton University Department of Economics, 1946.

Southard, Frank A., Jr., and William McChesney Martin [former chairman, Federal Reserve Board]. *The International Monetary System in Transition.* Washington, DC: Atlantic Council, May 1980.

Spero, Joan Edelman, and Jeffrey A. Hart. *The Politics of International Economic Relations.* Belmont, CA: Thomson/Wadsworth, 2003.

Stamp, Maxwell. "The Stamp Plan—1962 Version." In *World Monetary Reform: Plans and Issues.* Edited by Herbert G. Grubel. Stanford: Stanford University Press, 1962.

Stein, Herbert. "Fear of Floating." *Wall Street Journal.* June 30, 1975.

Stevenson, Jonathan. *Preventing Conflict: The Role of the Bretton Woods Institutions.* Adelphi Paper no. 336. London: International Institute for Strategic Studies, 2000.

Stiglitz, Joseph E. *Globalization and Its Discontents*. New York: W. W. Norton, 2002, 2003.

Stonehill, Arthur I. *Internationalizing the Cost of Capital*. New York: Wiley, 1982.

Strange, Susan. "The Meaning of Multilateral Surveillance." In *International Organization: World Politics*. Edited by Robert W. Cox. London: Macmillan, 1969.

———. *Sterling and British Policy: A Political Study of an International Currency in Decline*. Oxford: Oxford University Press, 1971.

———. "IMF: Monetary Managers." In *The Anatomy of Influence: Decision-Making in International Organization*. Edited by Robert W. Cox and Harold K. Jacobsson. New Haven: Yale University Press, 1973.

———. *International Monetary Relations*. London and New York: Oxford University Press, 1976.

Toniolo, Gianni, and Piet Clement. *Central Bank Cooperation at the Bank for International Settlements, 1930–1973*. Cambridge: Cambridge University Press, 2005.

Tosini, Paula A. *Leaning against the Wind: A Standard for Managed Floating*. Princeton Studies in International Finance no. 126. Princeton: Princeton University Department of Economics, December 1977.

Toy, Raymond S., and Bob Meyer. *World War II Axis Military Currency*. Tucson, AZ: Monitor Offset Printing, 1967.

Triffin, Robert. "Excerpts from 'Gold and the Dollar Crises.'" In *World Monetary Reform: Plans and Issues*. Edited by Herbert G. Grubel. Stanford: Stanford University Press, 1963.

———. *The Evolution of the International Monetary System: Historical Reappraisal and Future Perspectives*. Princeton Studies in International Finance no. 12. Princeton: Princeton University Department of Economics, 1964.

———. "The American Response to the European Monetary System." In *The European Monetary System: Its Promise and Prospects*. Edited by Philip H. Trezise. Washington, DC: Brookings Institution, 1979.

———. *Gold and the Dollar Crisis*. New Haven: Yale University Press, 1961.

———. *The World Money Maze*. New Haven: Yale University Press, 1966.

Ulbrich, Holley H. *International Trade and Finance: Theory and Policy*. Englewood Cliffs, NJ: Prentice-Hall, 1983.

Van Der Flier, M. J. *War Finances in the Netherlands up to 1918*. Oxford: Clarendon, 1923.

Veit, Lawrence A., and Rona S. Woodruff. *Handbook of International Finance, 1958–1966*. New York: National Industrial Conference Board, 1967.

Versluysen, Eugène. *The Political Economy of International Finance*. New York: St. Martin's, 1981.

Webb, Michael C. *The Political Economy of Policy Coordination*. Ithaca, NY: Cornell University Press, 1995.

Williams, David. "London and the 1931 Financial Crisis." *Economic History Review* 15 (April 1963).

Williamson, John. *The Failure of World Monetary Reform, 1971–1974*. New York: New York University Press, 1977.

———. *The Exchange Rate System*. Policy Analyses in International Economics no. 5. Washington, DC: Institute for International Economics, 1983.

Winch, Donald. *Economics and Policy: A Historical Study*. London: Hodder and Stoughton, 1969; New York: Walker and Company, 1969.

Wonnacott, Paul. *The Floating Canadian Dollar: Exchange Flexibility and Monetary Independence*. Washington, DC: American Enterprise Institute for Public Policy Research, 1972.

Wright, Gerald, and Maureen Appel Molot. "Capital Movements and Government Control." *International Organization* 28, no. 4 (Autumn 1974).

Yeager, Leland P. *International Monetary Relations: Theory, History, and Policy*. New York: Harper and Row, 1966.

Young, John Parke. *Central American Monetary Union*. Washington, DC: U.S. Agency for International Development, 1962.

Zimmerman, Hubert. *Money and Security: Troops, Monetary Policy, and West Germany's Relations with the U.S. and Britain, 1950–1971*. Cambridge: Cambridge University Press, 2002.

Zwass, Adam. *Monetary Cooperation between East and West*. White Plains, NY: International Arts and Sciences, 1975.

DOCUMENTS

Bank for International Settlements. *Annual Report*. Various years.

International Monetary Fund. *Annual Report*. Washington, DC. Various years.

International Monetary Fund. *Articles of Agreement*. 1944.

International Monetary Fund. *International Financial Statistics*. Washington, DC. Various issues.

International Monetary Fund. *Multilateral Surveillance*. Washington, DC: Independent Evaluation of the Office of the IMF, 2006.

League of Nations. Economic and Financial Section. *Statistical Yearbook*. Geneva. Various issues.

League of Nations. Economic, Financial and Transit Department. *The Course and Control of Inflation: A Review of Monetary Experience in Europe after World War I*. 1946.

United Kingdom. *First Interim Report of the Committee on Currency*. Reprinted in *Select Statutes, Documents and Reports Relating to British Banking, 1832–1928*. Edited by T. E. Gregory. Oxford: Oxford University Press, 1929.

United Kingdom. British Government Publication, *Proposals for an International Clearing Union*. Reprinted in *World Monetary Reform: Plans and Issues*. Edited by Herbert G. Grubel. Stanford: Stanford University Press, 1963.

United States. Department of Commerce. Bureau of the Census. *Historical Statistics of the United States: Colonial Times to 1970*. Washington, DC. 1975.

United States. Department of Commerce. International Population Statistics Reports. Series P-90, no. 23. *The Soviet Financial System: Structure, Operation, and Statistics.* 1968.

United States. Federal Reserve System. *Federal Reserve Bulletin.* 1932–37. January issues.

United States. Tariff Commission. *Report to the Committee on Finance, U.S. Senate, Subcommittee on International Trade.* Tariff Commission Publication no. 665. Washington, DC.

图书在版编目(CIP)数据

美元与国家安全:硬权力的货币维度/(美)保罗·维奥蒂(Paul Viotti)著;白云真,宋亦明译.—上海:上海人民出版社,2018
(中国与全球政治经济丛书)
书名原文:The Dollar and National Security:The Monetary Component of Hard Power
ISBN 978-7-208-15055-3

Ⅰ.①美… Ⅱ.①保… ②白… ③宋… Ⅲ.①美元-关系-国家安全-研究 Ⅳ.①F827.12

中国版本图书馆 CIP 数据核字(2018)第 049404 号

责任编辑 王 冲
封面设计 零创意文化

中国与全球政治经济丛书
美元与国家安全:硬权力的货币维度
[美]保罗·维奥蒂 著
白云真 宋亦明 译

出　　版 上海人民出版社
(200001 上海福建中路 193 号)
发　　行 上海人民出版社发行中心
印　　刷 常熟市新骅印刷有限公司
开　　本 635×965 1/16
印　　张 13
插　　页 4
字　　数 188,000
版　　次 2018 年 5 月第 1 版
印　　次 2018 年 5 月第 1 次印刷
ISBN 978-7-208-15055-3/D·3186
定　　价 45.00 元

中国与全球政治经济丛书

美元与国家安全:硬权力的货币维度	[美]保罗·维奥蒂 著 白云真 宋亦明 译	45.00 元
金融危机后的美国权力	[美]乔纳森·科什纳 著 江 涛 白云真 译	42.00 元
全球金融中的中国	[德]桑德拉·希普 著 辛 平 罗文静 译	32.00 元